红 土 圣 地 脱 贫

# 逐梦

**江西省乡村振兴局** /组织编写

陈化先 /著

江西教育出版社

·南昌·

图书在版编目(CIP)数据

逐梦 / 江西省乡村振兴局组织编写 ; 陈化先著 . -- 南昌 : 江西教育出版社, 2021.7
（红土圣地脱贫大决战）
ISBN 978-7-5705-2698-7

Ⅰ.①逐… Ⅱ.①江…②陈… Ⅲ.①扶贫-工作人员-先进事迹-江西-现代 Ⅳ.① K820.76

中国版本图书馆 CIP 数据核字 (2021) 第 113795 号

**逐梦**
ZHUMENG
**江西省乡村振兴局　组织编写**
**陈化先　著**

---

**江西教育出版社出版**

（南昌市抚河北路 291 号　　邮编：330008）
各地新华书店经销
南昌市印刷十二厂有限公司印刷
720 毫米 ×1000 毫米　　16 开本　　13.75 印张　　字数 170 千字
2021 年 7 月第 1 版　　2021 年 7 月第 1 次印刷
ISBN 978-7-5705-2698-7
**定价：49.00 元**

---

赣教版图书如有印装质量问题，请向我社调换　电话：0791-86710427
投稿邮箱：JXJYCBS@163.com　　　电话：0791-86705643
网址：http://www.jxeph.com

赣版权登字 -02-2021-423
版权所有　侵权必究

# 前言

千年夙愿，百年求索，一朝梦圆。

2021年2月25日，一个将被历史永远铭记的时刻，习近平总书记在全国脱贫攻坚总结表彰大会上庄严宣告：我国脱贫攻坚战取得了全面胜利。

回首看去，在八年脱贫攻坚的时间坐标上，镌刻着多少熠熠生辉的印记，记录着多少彪炳史册的人间奇迹。这是中国人民的伟大光荣，这是中国共产党的伟大光荣，这也是中华民族的伟大光荣！

江西是革命老区，是全国脱贫攻坚主战场之一。在全省100个县（市、区）中，有原中央苏区县54个、原贫困县25个、罗霄山片区县17个。截至2013年末，全省还有346万农村贫困人口，贫困发生率达9.21%。丰衣足食多年来都是赣鄱儿女的朴素愿望，从800多年前朱熹提出"足食为先"到90多年前革命的圣火在井冈山点燃，这方红土圣地上承载着中国共产党的初心使命。面对艰巨的脱贫攻坚任务，全体扶贫干部立下愚公之志，勠力同心，尽锐出战，在赣山鄱水之间沐雨栉风，演绎出当代版的干群鱼水真情，兑现了向党中央签订的"军令状"、向人民立下的"承诺书"，交出了一份优秀的脱贫攻坚"成绩单"，书写了人类减贫史上中国奇迹的江西华章。江西省所有贫困县全部摘帽，3058个"十三五"贫困村全部退出，贫困人口全部脱贫。

逐 梦

　　铭记历史，是为了更好地开创未来。为此，江西省乡村振兴局（原江西省扶贫办公室）本着对历史负责的态度，与江西教育出版社共同策划出版了"红土圣地脱贫大决战"系列图书，从脱贫攻坚"十大行动"、牺牲的扶贫干部代表和脱贫攻坚典型3个切面再现江西脱贫攻坚的峥嵘岁月，记录赣鄱大地脱贫攻坚的光辉历程。3位作者重回脱贫攻坚故事发生地，访问了大量的脱贫攻坚参与者和亲历者，搜集了许多生动鲜活的素材，最终将这套书写真人真事、凝聚真情实感的纪实文学作品呈现在读者面前。

　　《圆梦》这本书的作者带着对红土地的深情，踏访我党早期开辟革命根据地的地方，感受万里长征的出发地旧貌换新颜。作者选取井冈山、赣州（于都、瑞金、安远）、九江修水、抚州（广昌、乐安、资溪）、上饶（弋阳、横峰）、萍乡（安源、莲花、芦溪）等地，以一个设区市为一个专题，从脱贫攻坚典型经验到"不让一个老区群众掉队"的突出成绩，全景式地展现脱贫攻坚这项伟大工程为江西带来的翻天覆地的变化。全书将江西各重点革命老区串连起来，通过描写村庄、城镇的今昔对比，突出历史纵深感，反映前后变化，把赣鄱儿女自强不息的精神转化为建设富裕美丽幸福现代化江西的强劲动力。

　　《绽放》所书写的15位主人公有一个共同点，那就是为了脱贫攻坚献出了自己宝贵的生命。作者深入这些扶贫干部生前的帮扶点，与村民们促膝长谈，深入了解扶贫干部的工作细节，还原他们在没有硝烟的战场上的点点滴滴，记录他们生前的动人瞬间。被洪水冲走的程扶摇，失足踏空的肖新泉，意外翻车的吴应谱、樊贞子夫妇，乡村医生出身的谢仕发，"红都好人"廖德熙……作者在讴歌扶贫干部的先进事迹时，不是生硬地说教，而是充分融合了讲故事的技巧、诗歌的抒情性和报告文学的在场性，扶贫日记、办公现场、与贫困户零距离交流以及脱贫后的美丽山村，一个个画面在书中交相呈现。这是一部珍贵的反映扶贫干部精神的纪实文学作品，彰显了信仰之美、崇高之美，铸就了新时代共产党人的精神丰碑。

《逐梦》这本书则是从江西众多的脱贫攻坚先进人物中选择了一批自力更生的奋斗典型、一批务实笃行的贡献典型、一批无私奉献的社会典型进行浓墨重彩的书写。这30位"脱贫战士"，既有被国家表彰的脱贫攻坚人物，又有奋战在脱贫一线的社会各界人士，还有一群自我觉醒的脱贫群众。他们在"精"字上下功夫，在"准"字上谋实招，他们与百姓群众一起做新时代填海的精卫、移山的愚公，他们敢于向贫困宣战并在脱贫攻坚中实现人生的价值、书写精彩的传奇。

一时代有一时代之精神，一时代有一时代之文艺。《圆梦》《绽放》《逐梦》这3本书有脱贫攻坚基本理论的运用与实践，也有农村工作的创造性经验总结，是沾泥土、冒热气、带露珠的时代影像剪影,也是有筋骨、有道德、有温度的文艺作品。3位作者以饱含深情的笔触从不同视角、不同侧面,生动再现了脱贫攻坚这一伟大工程的典型片段和精彩瞬间,谱写出了红土地上脱贫攻坚的动人篇章。这是我们对一个时代的集体礼赞。

风雨过后见彩虹,唯有文字留芬芳。

有的人和事,历史必将铭记。

# 红土圣地脱贫大决战

## 目录

### 01 奋斗典型

红都脱贫"明星"的小康梦　002

神山最美的笑脸　010

老韩的蔬菜"致富经"　016

身陷泥潭心向莲　022

从贫困户到省劳模的蝶变　028

移民村里的贴心"当家人"　035

畲乡飞出"金凤凰"　043

崇河之畔的"傻"书记　049

轮椅上的"三色"人生　056

驻村书记的三个"特色岗位"　062

# 红 土 圣 地 脱 贫 大 决 战

## 目录

**02 贡献典型**

高田村的"百分百书记" 070

他乡亦故乡，乡亲是亲人 077

爱洒上犹的特教校长 085

杏林春暖赣闽粤 094

心中有梦的"扶贫之花" 100

八年战贫的人民卫士 108

一往情深向曲江 115

"兰花书记"的致富经 122

梦想，从东山燃起 129

泥洋山上的那朵云 136

漫漫扶贫路上的"警察蓝" 144

脱贫攻坚战场上的纪检"老兵" 152

# 红土圣地脱贫大决战

## 目录

### 03 社会典型

跨世纪的"橙"缘　160

坳背村的新"愚公"　166

残疾人创业的"领头雁"　173

"菇王"老谢　179

德耀昭萍泽后人　185

为孩子点灯，照亮前行的路　191

农民致富的领路人　197

赤子情深报桑梓　203

# 01

## 奋斗典型

# 红都脱贫"明星"的小康梦

"绿树村边合,青山郭外斜。"行走在初夏瑞金田野山间,层层叠叠的脐橙园像一顶大帽子,将山体覆盖得严严实实,细长的脐橙园宛如一条绿色腰带,镶嵌在青山绿水间。这是红色故都、共和国摇篮、中央红军长征出发地的新风貌。

在万千脐橙园中,起起伏伏的坳背岗万亩脐橙基地令人眼前一亮,不仅在于基地葱葱茏茏、青翠欲滴,还在于这里走出了一位全国有名的脱贫"明星"。这位"明星",二级肢残,是红军后代,却不等不靠自力更生;这位"明星",赤诚忠心,担任村干部15年,不忘初心为民办实事;这位"明星",以贫为耻,一心要做领头雁;这位"明星",感恩社会,带着乡亲一起奔小康。这位"明星",就是瑞金市黄柏乡龙湖村人邓大庆。

乡亲不会忘记他改造荒山荒坡,兴修水利道路,改善了村里的自然环境和基础设施条件;人们不会忘记他率先试种,闯出新路,直至光荣脱贫;村民更不会忘记他成立了瑞金市龙珠塔脐橙专业合作社,带领村民共同致富,从而实现了龙湖村"人均三亩果,一亩脐橙纯收入1万元"的脱贫奇迹。邓大庆的感人事迹传遍大江南北,先后被瑞金市委、市政

↑ 邓大庆（右）在家里展示自己栽种的脐橙

府评为"优秀村干部""党员致富标兵""脱贫示范户"，被赣州市委评为"基层优秀理论宣讲员"。更令他欣慰的是，他荣获了"江西省劳动模范"和"江西省脱贫攻坚奖奋进奖"。

## 红色基因孕育小康梦想

邓大庆，出身贫寒，身正心红。祖父邓光椿在苏区时期担任乡苏主席；外祖父刘力彩参加过红军长征，北上后杳无音讯；父亲邓正才系土改干部，曾担任公社社长。

祖辈的故事铭记在心，时时激励着他；父辈言传身教，刻刻警醒着他。在红色故事、苏区精神的熏陶中成长的邓大庆，又有着天然的红色基因，他从小就立志要改变家乡贫穷落后的面貌，引领乡亲走上富裕道路。

在龙湖村，有许多美丽传说：有的说旁边的龙雾山压着一头金牛，

· 003 ·

金牛的粪便就是一堆堆金子，以前村民靠着淘金便可养家；有的说以前村里有一个大湖，湖中有虫，其形似龙，护佑着村民。

传说很精彩，现实却很无奈。龙湖村贫困的主要问题是龙湖无湖。在"天晴一块铜，下雨一包脓"的恶劣环境下，龙湖村旱时缺水，涝时成灾，土地贫瘠，荒坡流沙，粮食经常无收，就连砍柴也要翻山越岭走20多公里的路。

父亲残疾，母亲多病，邓大庆兄弟姐妹8人，他排行老大。为了让弟弟妹妹读书，小学三年级都没有念完，他就辍学在家，承担家中的大部分农活。面对贫困，邓大庆经常说："贫穷并不可怕，可怕的是没有志气，贫穷没有种，通过艰苦奋斗，一定能摆脱贫穷。"

1975年，村里播放了一场名为《农业学大寨》的电影，邓大庆被陈永贵带领村民艰苦奋斗，改变恶劣的自然环境，夺取农业丰收的真实故事所感动。他一边看电影，一边思考，村里是不是也可以试试？大寨村的自然环境比龙湖村还要恶劣，村里人应该学习大寨人，从极度贫困的家乡及家庭现状中探出一条路。

思路决定出路，行动决定速度。他认为改变家乡贫穷落后的现状必须从植树造林、绿化荒坡、兴修水利和道路等基础设施入手。说干就干。1976年春，他在自己的流沙荒地上种了一大片松树，没想到两年后松树居然长得很壮实，根系扎得很稳，固沙蓄水效果也很好，这更加坚定了他改变家乡恶劣环境的信心。

然而，他深知光靠一个人、一个家庭能做出的改变是有限的。一个好汉三个帮，一个篱笆三个桩。陈永贵之所以能取得成功，是因为他有党组织可依靠，还可以发挥广大党员干部模范作用，带动周围群众积极参与。

深感党恩的他萌生了入党的想法，迫切要求加入党组织，带领群众一起艰苦奋斗。随后，他加入了村大队的文宣队，利用这个平台宣传摆脱贫困的思路与举措。1984年，他担任了村团支部组织委员、村农技员。1995年起，邓大庆担任龙湖村村主任，开启了带领群众脱贫致富的新征程。20世纪八九十年代，邓大庆开始在春天外出讨要大量树苗，分给群众种植。截至2020年底，龙湖村的绿化造林总面积已达4000多亩。

### 积劳成疾艰难探索

1998年，在"再造一个山上赣南"的号召下，邓大庆大干一场的热情被激发起来，根据龙湖村荒坡地多的特点，他咬定"要想富，种果树"的路径，先行先试，积极闯出一条脱贫路径。

他到福建诏安学习青梅种植技术，发现当地青梅能卖3元一斤，一棵树能挣600多元。回来后，他承包了村集体200多亩的荒山、荒坡，全部种植引进的青梅。3年后，青梅终于开始挂果，而且果子特别多，邓大庆心想这下可要发财了。没想到的是，这果树结出来的青梅个头小、品质差，1元一斤都没人要，更没有人前来收购，邓大庆只能眼睁睁看着果子烂在地里。第一次种果树，让他深受重创，原本打算在城里买房的3万多元也付诸东流，他还因此背上了17万余元的债务。

2003年，赣南大地兴起了脐橙种植热潮。虽然背负债务，但邓大庆没有气馁，毅然带领全村干部群众开发荒坡种植脐橙，并将自己承包的部分荒山、荒坡让出来，呼吁大家挖掉青梅改种脐橙，自己也率先邀请他人合股种植脐橙120亩，为现在的万亩脐橙基地打下了基础。

由于当时脐橙种植、储存技术不过硬，销售渠道不畅，价格也时高时低，导致脐橙种植收益不大。他又另辟蹊径，听取专家建议，再次先行先试，改种榨汁甜橙，于2006年种植了16亩榨汁甜橙。2009年，甜橙挂满枝头，邓大庆满怀信心地带着甜橙外出寻找销路，但等到2010

年，也没有商家前来收购，这次他又亏损了8万多元。

两次尝试，两次失败，他不得不深入反思，痛定思痛，并在失败的教训中得出结论：要种果致富，首先必须在种植技术和销售渠道上攻克难关、实现突破。

正当邓大庆锁定目要放手一搏时，屋漏偏逢连夜雨，由于长期过度劳累，邓大庆疾病缠身：他的右脚股骨头坏死，病情甚至进一步恶化，左脚也开始股骨头坏死，并发了肾结石、胆道炎等多种疾病。一连四次住院，邓大庆基本丧失劳动能力，经过多轮治疗，他还是不幸落下残疾。

那年，邓大庆自己长时间住院，儿子刚考上大学，老婆又被查出患有严重的脊柱性强直炎，真是雪上加霜，家庭境况跌至冰点。面对沉重的债务负担、巨大的医药费支出和长期的病痛折磨，邓大庆不得不痛苦地放弃了在村里合股经营的产业。

家人和朋友也反复劝他："不要再去折腾了。"但他天生就是不服输的性子，他坚定地说："从哪里跌倒就要从哪里爬起来。奋斗是唯一的出路。不奋斗，死路一条；只有持续奋斗，才能彻底从困境中摆脱出来。"

一心一意万事成，三心二意失良机。邓大庆认识到要做好脐橙产业，必须攻克脐橙种植技术和销售难关。2010年，经过多次恳请，组织上终于同意邓大庆辞去村主任的职务。此后，他便全身心关注脐橙产业发展动态，购买了专业书籍认真学习脐橙种植技术，经常收看《科技苑》《生财有道》等节目，用笔记录下他人的经验并反复琢磨。在病情相对稳定的情况下，邓大庆从赣州医院出院到家后，当即向亲友借了2000多元钱，忍着病痛，先后前往重庆、陕西、湖北等地学习考察。历经一番考察，在做好充分的准备后，他果断挖掉16亩甜橙，全部返种脐橙，后又扩大种植，达到36亩、1600多株。

这次种植脐橙只许成功不许失败。邓大庆经常参加赣州市果业局和

→ 邓大庆（左一）在果园接受记者采访

黄柏乡政府果茶站、瑞金市黄柏乡脐橙协会的各种培训，及时掌握脐橙种植的新技术、新方法。为防止杂草与果蔬争肥，他在实践中大胆探索，勇于创新。他充分利用家里的破旧布料，给脐橙盖上地网，既透气，又不会长杂草，还可以减少使用除草剂，做到既节约成本又绿色环保。

精诚所至，金石为开。邓大庆在面对生活中的挑战时，以坚定的信心，持之以恒的精神，克服眼前的困难，把绊脚石化为走向成功的垫脚石。2014年，他家第一批挂果的脐橙就卖了3万元；2015年，邓大庆净赚6万余元，并成功实现脱贫。2017年脐橙达到丰产期，他的年收入高达24万余元，2018年达到27万余元。

## 铭恩回报竭力帮扶

贫穷不是社会主义，致富不忘乡亲。2016年2月，由邓大庆牵头，与龙湖村委党支部共同组织成立了瑞金市龙珠塔赣南脐橙专业合作社，邀请乡亲们加入合作社共同发展脐橙致富产业，成立时社员只有5人。

为了打消乡亲们的疑虑，他和村干部挨家挨户做工作，并承诺一定毫无保留地把种植脐橙的"邓氏独家诀窍"传授给大家。2016年8月，合作社成员增加到18户，脐橙园面积扩大到930亩；到2016年底，合作社第三次扩社，成员还吸纳了周边几个村民，社员达到56户，果园面积扩大到3200亩。

合作社把分散的果农组织起来，通过"五统一"产业扶贫机制，即统一规划流转、统一技术培训、统一农资供应、统一病害防控、统一市场销售，帮助果农取得了经济效益的最大化。同时，也通过广大社员的影响，辐射带动了周边更多的贫困户脱贫致富。

2016年得到合作社帮扶的残疾人和贫困户共有46户。村民邓长生便是其中之一。儿子在外务工，邓长生夫妻俩整天闷在家里无所事事。邓大庆上门劝说："这样闲着不是办法，你跟我们一起种脐橙吧！"邓长生两手一摊："我肩不能挑、腿不能走，怎么种？"邓大庆说："我都能种，你怎么就不行？我帮你！"在邓大庆的带动下，邓长生夫妇的生产热情被激发出来，无论是采摘，还是除草，他们都全身心投入。截至2021年，他们夫妻俩的平均年收入已有4万多元，成功脱贫。

村民杨水发，因为身体残疾只能干些轻体力活。在邓大庆的影响下，他养起了牛，种了6亩脐橙，收入大大提高。"现在村民铆足了劲搞种植，就连跳广场舞时，谈的都是如何种脐橙卖脐橙，"龙湖村支书邓主平说，"在邓大庆的引导下，村里贫困户每年收入都在不断增加，他们申请的贷款都能提前还清。"

除了龙湖村村民，邓大庆还带动一批其他村的果农，如壬田果农郑根福、武阳果农陈贵阳、沙洲坝的唐长军、黄柏岭的邓大军等，都在邓大庆的帮扶下实现脱贫致富。

2019年11月21日，在"中国共产党的故事——习近平新时代中国特色社会主义思想在江西的实践"专题宣介会上，作为脐橙大户的邓大庆受到60多个国家的300多名政党代表追捧。他们询问邓大庆是如何实

↑ 邓大庆受邀参加"中国共产党的故事——习近平新时代中国特色社会主义思想在江西的实践"专题宣介会

现从贫困户到致富带头人,从被人帮到帮别人的华丽转身的。

好几位外国嘉宾更是把邓大庆团团围住。来自莫桑比克的嘉宾希望把经验带回国内;来自哥伦比亚、黎巴嫩的嘉宾想详细地了解脐橙树的寿命有多长、怎么管理、产量多少、收入如何等情况;来自南非的嘉宾还向邓大庆发出了邀请,请他到南非种植脐橙……

面对热情的"老外",邓大庆一一作答、侃侃而谈,俨然成了一个脱贫"明星"。他说出了自己的心里话:"现在的生活,真是比脐橙还甜呢。"

# 神山最美的笑脸

沿着罗霄山脉雄浑的曲线,鸟瞰五百里井冈巍峨起伏,黄洋界下神山村的生活在眼前次第展开:竹林环抱村庄,白墙褐瓦的民宿点缀其间,游人沿青石板路穿行,炊烟从农家乐飘摇而出。

在井冈山市茅坪乡神山村开设第一家农家乐的,就是远近闻名的彭夏英。初见笑容可掬的彭夏英,若邻家大姐,屋里屋外忙个不停。谁能想到话不多、目光炯炯的她,竟从贫困户成长为创业致富带头人。

"政府只能扶持我们,不能抚养我们。""幸福生活是干出来的!"金句频频的彭夏英,把一个依靠"一把斧子、一把刨子、一把锯子"养家糊口的家,带上了依靠"一桌佳肴、一份特产、一片果园"脱贫致富奔小康的大路上。她的事迹激励着更多的人,她的笑容镌刻在人们心里,成为江西新时代农村妇女的新形象。

## 逆 行

在神山村有一个说法:"有女莫嫁神山郎,神山是个穷地方;红薯山芋当主粮,青年儿女流外乡。"当地还流传这样的口头禅:"麻雀飞过不落地,挑夫进村不伸手。"

别说女人嫁入神山村，就是村里的男人面对人均只有 5 分田，田地侍弄得再好，也只能勉强糊个口的困境，都纷纷逃离大山。

然而，彭夏英还是因爱嫁入神山村。分家时只得到 3 双筷子、3 个碗、1 箩谷子，这是她和丈夫的全部家当。

在山沟里，勤勤恳恳的夫妻在田里爬、山上砍，也只够糊口。几次意外，让原本脆弱的家庭不堪重负。

1992 年，丈夫在外务工，帮人拆房子时，不幸摔伤了脚，此后再也干不了重活，更无法胜任重体力劳动了。彭夏英以柔软的肩膀撑起了进风漏雨的家，全家只能依靠她一人务农来获得微薄的收入，日子很是煎熬。

更难的是，一家老小一直住在不足 60 平方米的破旧土坯房里，彭夏英想着为长大的儿女盖间房屋。她省吃俭用了好几年，加上东借西凑，总算是把平房盖了起来，但刚盖好就被山洪冲垮了，面对倾倒的房屋，她欲哭无泪。

丈夫不能养家，新建的房屋又倒了，彭夏英不得不跟村里的男人一样，到山里伐竹。长期劳作，她积劳成疾，不幸摔成重伤，动了一次大手术。夫妻俩因病致贫，也成了全村最穷的人家。回忆起过去的日子，彭夏英依然不胜唏嘘。

虽然屡屡遭灾，但是彭夏英和丈夫从没有放弃过脱贫的努力。

神山村毛竹多，勤快的彭夏英和丈夫就起早贪黑地做筷子。有村民抱怨："不出去能有什么办法？以前村里连条像样的路都没有，山上虽然竹子不少，但砍下的竹子，还得靠肩膀一根一根背下来。"康复后的彭夏英回忆道："为了家里能有点现钱，村里家家户户做竹筷子，做好后，还得爬一个多小时的山路才能背出山外去卖，2 分钱一双，我们夫妻俩每天三四点起床，晚上 12 点睡觉，一天能做 3000 多双，挑到 30 多里外的镇上能卖 60 多块钱。"

## 逐 梦

但即便这样,家里日子依然过得艰难。彭夏英说,那时,他们全家挤在几间破旧的土坯房里,买不起油,吃不放油炒的"干锅菜"。

为了能多赚些钱,村里的后生们都跑出去打工了,就留下彭夏英等老一辈的人守山。大山阻隔了神山村的发展,让神山村落下了"穷根"。

### 感 恩

2015年,神山村被列入"十三五"省级贫困村,全村54户人家,21户是建档立卡贫困户,其中就有彭夏英家。

2016年的南方小年,习近平总书记冒着风雪来到神山村视察,站在这片红土地上,他深情地说,在扶贫的路上,不能落下一个贫困家庭,丢下一个贫困群众。习近平总书记还曾走进彭夏英家,细致询问,亲切关怀。

"我一辈子都不会忘记总书记来到家里做客,给我送来慰问和鼓励。"彭夏英激动地说。

从此,神山村迎来了崭新时刻,党的精准扶贫政策让彭夏英如沐春风,她轻装上阵、敢想敢干,以无限动力拥抱着新生活。

随着神山村乡村旅游快速发展,彭夏英的大女儿看到了商机,提议开办农家乐。一开始彭夏英不同意,但想到"不主动找法子赚钱,一辈子也脱不了贫",她最终决定拿出准备建房的积蓄,并向银行贷款,支持女儿开办农家乐。

这是神山村第一家农家乐,彭

↑ 彭夏英获"全国脱贫攻坚先进个人"

夏英搬出山里的腊肉、笋干、茶油，凭借自己的手艺将山货炒成了美味佳肴，更留住了游客的心。她家农家乐异常火爆，有的时候可以接待九桌十桌，有时忙不赢，彭夏英还要请别人帮忙。由于饭菜可口，彭夏英家的年收入一年比一年高，她还被游客点赞为"神山最美厨娘"。

2016年，靠经营农家乐，彭夏英家的年收入达到了5万元，成功甩掉了贫困户的帽子。达到脱贫条件后，彭夏英主动申请脱贫，这成为村里的一大新闻，村民都说她"傻"。在村里评审低保时，她还主动将丈夫享受的低保指标让给更困难的村民。

面对脱贫红利，大多数习惯了土坯房、"羊肠道"的村民"等、靠、要"的思想极为严重，甚至有部分群众"等着扶、躺着要"。

连小学都没有读完的彭夏英对此不以为然，每次开会她都坚定地说："我不想当贫困户，贫困户的小孩找对象都很困难。"其实，对于彭夏英来说，脱贫不是终点，小康才是目标。

然而总有人舍不得眼前利。村里某贫困户经过乡村两级帮扶，已达到各项脱贫指标，但该贫困户拒写脱贫申请，幻想得到政府更多的扶持。乡村干部和帮扶干部多次向他宣传脱贫政策，但仍然做不通他的思想工作。

帮扶干部经多方了解，得知彭夏英同该贫困户关系很好，并且彭夏英不仅有能力把家里收拾得井井有条，村里乡亲有什么难事，她还总不忘搭把手。在村里，她是放下思想包袱、不等不靠第一人。

因此，帮扶干部决定请脱贫后的彭夏英出马"现身说法"。她来到这户人家，讲事实、摆道理，最后一句"政府只能扶持我们，不能抚养我们"，让不想脱贫的贫困户顿然醒悟。

这句话一传十，十传百，引来各方的好评与关注。每次谈到这里，彭夏英总是说："党和政府非常好，非常关心群众的生活，创造条件为我们发展旅游。我开办了农家乐,很多游客也慕名来我家吃农家餐,我富裕了,低保就应该让给更困难的邻居。"

## 奋　进

2017年2月,井冈山市在全国率先脱贫。井冈山上的神山村,这座贫困发生率曾达30%的小山村,经历了一系列神奇的变化。人们曾经缓慢沉重的生活节奏变得轻盈明快起来,神山村正如翠竹拔节般生长更新。

青山绿水井冈红,神山村神奇不断。昔日江西省最偏远的贫困村之一,变身"中国美丽休闲乡村"。随着游客的增多,神山村的各种土特产也随之走俏。

"幸福生活是干出来的!"彭夏英是这样说的,也是这样做的。她一边经营着农家乐,一边开起了特产小卖部,一有闲工夫就与丈夫一起编竹篮、做竹筷,从山里挖野生兰花、映山红制作盆景,种植黄桃,养殖娃娃鱼等。

当个人利益与集体利益起冲突时,彭夏英毫不含糊。神山村山多地少,彭夏英在山上养殖牛羊,最多时养了3头牛、60多只黑山羊。后来,村里为了让更多贫困户参与产业扶贫,在山上种植了黄桃和茶叶。为防止牛和羊吃掉黄桃苗和茶苗,村里规定,山上不能放养牲畜,村干部和驻村干部轮番劝彭夏英丈夫卖掉牛羊,他坚决不同意,但彭夏英顾全大局,还是劝通了丈夫。她还带头拆除自家的土坯房、牛栏羊圈,支持村庄环境整治;也经常化解邻里纠纷,呼吁大家一起支持村里的公益事业。

人不负青山,青山定不负人。神山村重点发展毛竹、茶叶、黄桃三大特色产业,不仅美化了环境,还丰富了村里的产业。同时,村里还探索"公司+合作社+贫困户"的模式,将所有贫困户纳入产业发展轨道,年年从产业链上受益。同时将农产品采摘、果园游览等纳入乡村旅游重

01 奋斗典型

点项目，一批又一批的游客走进神山村，体验采摘乐趣。

"没有翻不过的山，没有蹚不过的河。心中有梦无难事，酸甜苦辣都是歌。"这首由彭夏英编的山歌唱出了一名农村妇女朴实的心里话。彭夏英从村里最穷苦的人，变身为全国妇女代表大会代表，并获得"全国三八红旗手"荣誉称号，如今的彭夏英早已今非昔比。

↑ 神山最美厨娘——彭夏英

在彭夏英家里，她一直珍藏着一张登机牌。这是她飞往北京领取"全国脱贫攻坚奖奋进奖"荣誉证书的留念，也是她平生第一次乘坐飞机的凭据。"以前口袋里没钱，出门都是奢望。如今坐车坐飞机都不是新鲜事了，村里人自己买的车就有39辆，出山进山，想走就走。"彭夏英言语里透着自豪。

2019年，来神山村参观的游客达32万多人次，神山村全村居民人均可支配收入超过2万元。近年来，神山村先后获评全国文明村镇、"中国美丽休闲乡村"和江西省4A级乡村旅游点。

更多的"彭夏英"出现在神山。曾在浙江、广东等地打了十多年工的彭长良、彭青良、彭德良三兄弟，开办起了农家乐，养蜂卖蜜、销售"井冈红神山茶"、卖自制的"神粮竹酒"，年收入超过了40万元。罗林辉、罗林根兄弟俩，从山下的龙市镇回到村里，在家门口开起了旅游超市，专卖神山土特产，年收入20多万元。

"逃山"的后生们纷纷回到村里，创业致富，各显神通，又吸引着更多的人回村。村委会常住人口普查显示：2016年38人、2017年73人、2018年168人、2019年176人。2016年至2019年，增加了138人。

## 老韩的蔬菜"致富经"

田家少闲月，五月人倍忙。对于余干县玉亭镇排岗村脱贫户韩少波来说，自从种上蔬菜后，他再也没有闲过：从学徒到"蔬菜大王"，他品尝着创业的酸甜苦辣；从培植一种到多种有机蔬菜，他不断总结经验，开辟新的领域；从亏损累累到产值百万，他深谙独行不如众行致远；从一个人到一群人，种植蔬菜的面积从几亩扩展至100多亩。

有人关心韩少波："你现在有了新房子，还赚了不少钱，日子越过越好，能歇就歇下哦。"

韩少波一笑了之，他说："这个时候可不能偷懒，黄瓜正在开花哩，得抓紧掐掉须，把藤蔓搭上架，要不然产量上不来。"

小小菜篮子，民生大文章。正是韩少波这个爱"折腾"的劲头，让他先行先试做起了合作社，在韩少波5000平方米的有机蔬菜大棚里，有30多户村民从贫困的泥潭里爬了出来，他们的目标就是提高蔬菜质量、做大产量，也因此走出了一条具有区域特色的绿色高效农业发展之路，让身边建档立卡贫困户的生活更有奔头。2018年至2021年，韩少波先后荣获"江西省脱贫攻坚奖奋进奖""江西省劳动模范""全国脱贫攻坚先进个人"等荣誉称号。

## 自强自立找出路

拥有百万人口的余干，地处鄱阳湖畔，人多地少，是劳务输出大县。一如这里的大多数家庭的需求，初中刚毕业的韩少波就外出务工了，由于肯钻研、爱琢磨，他从默默无闻的打工仔变身小有名气的水电工，这也让他邂逅了妻子。

婚后，他与妻子在沿海城市务工，两口子日出而作、日落而息，他们的日子稍有起色。由于老人一心想抱孙子，韩少波夫妇连生四胎。因超生而缴纳的社会抚养费、养育孩子的花费等，让本就拮据的家庭生活比以往更加捉襟见肘。

"最拮据的时候，要翻遍家里的抽屉，才能找到一毛、五分的硬币拿去买菜，而卖菜的老板都不愿意收。"韩少波苦笑着说。要养活四个孩子可不容易。虽然他电工技术好、不缺活，但这微薄的收入还是难以支付大量的家庭开支。

屋漏偏逢连夜雨，2008年，韩少波的父亲重病去世，韩少波两口子不得不回到老家生活，忙完田间地头的活就得去县城打零工。在县城务工的收入怎么比得上沿海呢？仅有的务工收入只够交付4个孩子的学费，接下来的日子怎么过？韩少波愁白了头。

2014年，韩少波家被列为建档立卡贫困户。也就在这一年，韩少波决定转行，他揣着借来的1万元北上，到一家蔬菜基地学大棚蔬菜种植技术，他选择了当时受到广泛关注的无土栽培技术。

学成归来后，他本想大干一番。谁料，无土栽培技术无法适应南方气候，韩少波折戟鄱阳湖畔，赔了近10万元。质疑声随之而来，亲戚朋友好言相劝，甚至建议他重新做回水电工："做个水电工也不错，何苦不务正业跑去种菜？"

在老家进行无土栽培尝试虽然失败，但他用两年的坚持找到了失败的原因：南方与北方气候差异很大，南方夏天热、日晒时间长，无土栽培的基质温度高导致蔬菜产量低、品质低。找到原因后，韩少波干劲十足，他立即转而采用传统的种植方式。

### 沐浴扶贫政策"练内功"

得了教训的韩少波，把苗从无土栽培基质中挪进了土里，前期的技术积累让他对种植有机蔬菜有了更多的经验。

同时，他也积极寻求本土专家的支持。排岗村驻村第一书记叶敢盛是受到韩少波请教最多的一位，叶敢盛从病虫害防治的角度，向韩少波提出穿插轮作的种植方式，以减轻单品种种植对土地的损害。更为重要的是，产业扶贫政策为他扩建高标准大棚及后续种植提供了资金扶持。

雪中送炭，让韩少波倍感欣慰，他甩开膀子干起来，专注有机蔬菜。为做到"有机"，大棚内全程采用灭虫灯、发酵菌等方式灭杀害虫，全程施用腐熟肥、农家肥等有机肥，坚决不打农药、不施化肥。

在大棚内，处处悬挂着袋装的二氧化碳肥，地面上滴灌管交错分布，大棚支柱上的检测仪器实时监控棚内的湿度温度情况。

令人眼前一亮的是，韩少波在每个大棚内，还养殖了一箱蜜蜂，这是用来传授花粉的。"都是韩少波自己琢磨出来的。"妻子对韩少波的专注深有感触。

妻子还记得韩少波看中了一款静电喷雾器，原本只能施一亩地的生物肥液，用这种设备可以喷洒两亩，苦于手中没钱的韩少波只是将这个产品介绍给了她。她听在耳里记在心里，偷偷把结婚时的金耳环、金戒指都卖了，然后将钱交到了韩少波手中，用行动支持他。

大棚的有机蔬菜种植成功后，由于知晓度低且价格比市场上的贵，上门订购蔬菜的人并不是很多，销售一度成了摆在韩少波面前的难题。

为了打开市场，他一大清早便出门到各大菜市场踩点，了解蔬菜价格、新鲜程度等。摸清市场行情后，他又跑遍余干各大超市、酒店，绞尽脑汁推销自家蔬菜。

除此之外，韩少波和妻子每天凌晨4点便要将摘好的蔬菜运到市场上出售。这个摊位很特别，别人家的辣椒每公斤6元，他家的却卖每公斤16元，可是摊位前的顾客一点也不少。最初并不是这样，因为价格比别人贵出不少，韩少波的菜摊鲜有人问津。

他千方百计向顾客介绍，说他的蔬菜比其他菜农的漂亮、口感好，顾客却怀疑是用了很多农药。眼看吆喝没啥用处，他和妻子商量好，第一天干脆不要钱，只要客户来询问就送菜。第二天，由于菜品好，回头客来了；第三天，更多的回头客又来了……就这样，越来越多的回头客让韩少波的菜摊热闹起来。如今，由于蔬菜口感好，韩少波的蔬菜往往一早就卖空，他家的摊位是市场上最早收摊的。

有时，个别顾客仍然质疑他家的有机蔬菜，他便邀请顾客来到基地，实地参观、体验。这一做法引来如潮好评。

这不，2021年时令蔬菜上市时，蔬菜基地时常供不应求，顾客便自发提前订购。面对供不应求的情况，有人劝他扩大种植面积，韩少波虽然心动，但仔细研究自身情况后，仍然选择稳扎稳打、按部就班。"我不想盲目扩大种植，一是扩大种植投入资金大，二是管理可能跟不上，到时候蔬菜品质可能就会出问题，反而影响自己的声誉。"吃过亏的韩少波，对于这种诱惑看得很透彻，他说："我情愿就守着现在这种状况，好好钻研，把蔬菜的品质再提升一个档次，让更多的人吃到更加安全、放心的蔬菜。"

## 脱贫不忘乡亲

在扶贫政策的帮助下，找对了脱贫路径，韩少波的事业顺风顺水。2016年，韩少波年收入达到20万元，他还清了以前创业所欠下的十几万元的外债，新建了1300多平方米的高标准大棚，使有机蔬菜种植规模扩展至5000余平方米。年底，他主动申请退出贫困户，一举摘掉了穷帽。

脱贫不忘感党恩，致富带动家乡人。玉亭镇的干部了解韩少波的情况后，请他分享蔬菜大棚种植技术，韩少波没有丝毫犹豫，当即回应："只要有人来学，我都认真传授。"

在贫困的泥潭里爬过的人，知道贫困户的难，资金和技术是两座"大山"，韩少波看到他们，就想到几年前的自己。于是，韩少波连续几个星期埋头钻研，总结出一套大棚有机蔬菜种植技术，并毫无保留地将技术传授给他们。

而韩少波发现：松散的传授模式，仍无法帮其他贫困户解决销售难题。2017年，他向第一书记提出成立合作社的想法，并召集排岗村建档立卡贫困户商讨。20多户贫困户每户申请1万元产业扶贫直补资金入股，韩少波自己出资6万元当法人，共同成立了余干县波峰蔬菜种植专业合作社。20多户贫困户加入合作社成为小股东，同时他还吸引社外10多户贫困户种植生态有机蔬菜。

排岗村路背村小组韩长先的妻子身患残疾，育有一子一女，入股合作社前家境贫寒。韩少波介绍他加入了合作社，现在韩长先每天在蔬菜种植基地上班，负责蔬菜清洗分类，淡季日工资100多元，旺季时，月工资有4000元左右，到年底还可以按股分红。韩长先经常发出感叹："做梦也没想到，在家里一边种田也能一边领工资，还可以按股分红，现在我不仅有存款，家里还盖起了小楼房……"

01 奋斗典型

→ 韩少波（右）采摘余干枫树辣椒

建档立卡贫困户韩文孟，妻子因病去世多年，独自抚养一双女儿，举步维艰。虽然韩文孟没有加入合作社，但韩少波主动对接他，无私向他传授蔬菜种植技术。如今，韩文孟在自家的田地里也干起了蔬菜种植，生活大有改善。韩文孟逢人就说："多亏了韩少波这位脱贫致富带头人，要是没有他教我种菜，我家根本盖不起新房，恐怕还在住破旧的砖瓦房呢。"

5年来，在韩少波的努力下，合作社曾吸纳的30户建档立卡贫困户全部实现脱贫，如今正向致富之路迈进。抱团发展的合作社让韩少波信心满满，他决定再扩大种植面积，增加种植品种，扩大帮扶面，让更多的农户受益。2021年，韩少波正在搭建一个网络蔬菜交易平台，希望通过网络把优质的农产品"嫁"到更远的地方去。

# 身陷泥潭心向莲

走过了太长的路，遇见了太多的事，看过了太多的风景。痛了哭，哭了笑，每个人的生命里，都有最艰难的那几年，颠颠簸簸，深深浅浅，但依然会觉得，人生美好而广阔。

在万安县韶口乡石圳村，有一位古稀老人蔡红莲，她自幼失去双亲，从小就是个懂事的孩子，生活让她早早用柔弱的肩头扛起了生活重担。在村民眼中，她不等不靠，种油菜、水稻、果树和油茶，养鱼、鸡、鸭，是个样样精通的能人；在儿子心中，她是一位永远不老的母亲，喂饭、理发、擦洗，日复一日，年复一年。

"不经一番寒彻骨，怎得梅花扑鼻香。"蔡红莲早早两鬓泛白，吃尽生活的苦，竟然也能带着残疾的儿子脱贫，好比莲藕深陷不见天日的淤泥中，依然能开出亭亭的莲花。这朵花随风摇曳，清新脱俗，为脱贫事业带来一种力量。

## 命运多舛不低头

日出之美便在于它脱胎于最深的黑暗。

在蔡红莲1岁时，母亲因特殊情况不得不改嫁，尚在襁褓之中的她就失去了妈妈的爱护；12岁时，父亲不幸去世，生活的重担，让她早早尝遍了世间的辛酸。

所幸，她结识了董维国，组建了家庭，两人勤勤恳恳，支撑起安稳的小家，并育有两儿四女。

大儿子董丛武入赘在福建省泉州市安溪县，做了上门女婿。2000年，小儿子董丛文一不小心摔了一跤，伤势过重，导致脑积水，造成身体偏瘫，生活无法自理。至今未婚的董丛文，吃喝拉撒离不开妈妈的照顾。令蔡红莲欣慰的是她四个女儿先后为人妇、为人母，都找到了自己幸福的归宿。

尽管小儿子是残疾人，但是蔡红莲与丈夫董维国看到其他儿女都有好的归宿，也很知足。他们也一起谋划好了未来的日子，特别是尽可能地要为小儿子创造一些条件：他们首先建起了一层200平方米的砖混房屋，准备等条件允许了再加盖第二层。

2001年，在大广高速万安段施工工地上，董维国结识了包工头胡老板。2003年，董维国应胡老板特别邀请，前往福建新工地看守建材。临行前，董维国叮嘱蔡红莲，要好好替他赡养双亲和照顾小儿子。

谁曾想这竟是永别，董维国上午离家，下午便传来噩耗：大货车出了交通事故，董维国当场身亡。晴天霹雳让蔡红莲哭得昏天黑地，随后大病一场，可她还是强忍悲痛，处理了丈夫的后事。

丈夫的叮嘱，支撑着她度过了此后无数个春秋。日复一日，她倚门望断村口路。一低头，一抬脚，就是岁月的起伏。一口石灰粉刷的灶台，硬是被熏得漆黑，宛如伸手不见五指的黑夜，她却从中找回生活。

蔡红莲强忍着悲痛，悉心照顾家公家婆的饮食起居，及残疾儿子的生活，她以自己柔弱的肩膀为家人撑起了一片蓝天。每日清晨，她洗衣做饭，为家公家婆和儿子奉上早餐；从上午开始，她打理家里的几亩田地和果园，犁地、挑粪……"她比我家牛还勤快。"村民看在眼里，都心疼她。

家里的事情打理完了，她还利用自己挤出来的时间，去到周边果园里打零工，一方面赚钱补贴家用，另一方面她还细心积累了打理果园的经验。泰和县苏溪镇的水口村、横排村和万安县韶口乡畔塘村等地都有她忙碌的身影。

2017年，大儿子董丛武因中风不省人事。得到消息，蔡红莲把董丛文就近安顿在女儿家里后，就急匆匆地赶往福建照顾病危的大儿子。也许是受到了母亲的悉心照料，半个月后，董丛武醒了，又经过一段时间的康复治疗，可以下床走路了。为了减轻大儿子家的负担，蔡红莲在孙女不满四个月的时候就一直带在身边，并供她上学，直到她考上大学。

没有得偿所愿的人生，万物皆有裂痕，但那是光透进来的地方。蔡红莲从裂痕中，循着光，找到了她需要的果园除草、施肥、打药、采摘等技术。

### 勤劳好学脱贫忙

2011年，泰和县茶山果业种植专业合作社正式成立，得知消息的蔡红莲看着合作社600多亩的南丰蜜橘，顾不得自己作为外县人有没有资格加入，主动到合作社做工，这一做便成了"长工"，她总算不用东奔西跑打零工了。

那年，她花费更多的心思照顾家公家婆。老人卧床不起，她一勺一勺喂着，直至家公家婆安详地走完最后一程。可是，当初和丈夫商量好为小儿子谋划要加盖的第二层房屋，却一直遥遥无期，这也成了她的夙愿。

此后若没有火炬，妈妈便是他唯一的光。尽管董丛文只能借木凳行走，但是看得出，他仍想做点什么。拿个扫把晃晃悠悠扫地，带点枯枝回家，捡拾易拉罐等废品……

四个女儿看着妈妈受苦，常常在经济上体力上给予蔡红莲力所能及的帮助。对蔡红莲的困难，村里也一直特别关注，先是为董丛文申请了低保，其次是每年给予蔡红莲一点临时救助金。蔡红莲在感激之余一直坚信，贫困是暂时的，只要自己肯奋斗，生活总会好起来！

2014年，蔡红莲迎来了更大的支持，她家被精准识别为建档立卡贫困户。第一书记、驻村工作队、帮扶干部、村干部……扶贫工作人员一波接一波来到蔡红莲的家，有的询问情况，有的带来物资，有的带来技术指导。蔡红莲总是笑脸盈盈，干部们都被蔡红莲的自强不息、乐观向上的精神所感动。

炎热的夏天，帮扶干部看到她家只有一层，因此屋子像个大蒸笼。尽管大吊扇呼呼地转个不停，但吹起的却是阵阵的热浪。绿霉斑斑的天花板上，有雨水渗漏过的痕迹，让家徒四壁的房屋更显得风雨飘摇。

他们决定从房屋维修入手，为蔡红莲家加盖了屋顶，既隔热又防漏；室内室外粉刷后焕然一新。后来，干部们还在她卧室里安装了空调，在卫生间里安装了电热水器。蔡红莲对此记忆犹新，她说："我真想不到，干部这么贴心，政府这么关心，我这一辈子是报答不了党和政府的恩情了！"

"我有打理果树的经验和技术，我就种果树吧！"感恩渗透到蔡红莲的血液里，她暗下决心要赶紧学到技术，为政府和社会减轻负担。

蔡红莲在原来那几亩沙糖橘和南丰蜜橘的基础上，种上了100多棵井冈蜜柚，80多棵早熟蜜橘。"4亩油菜、2亩水稻、3亩鱼塘、300棵果树、9亩油茶，去年养了4批鸡，总共有2800只……"蔡红莲细数着近年来的产业。同时，她还把县政府提供的5000元产业扶贫资金和省农科院资助的5000元产业发展资金，共计10000元，入股万安县韶牧肉牛养殖专业合作社。2017年，她首次得到合作社的分红1000元。

"瞧瞧，我今年不种田，可家中还存有17包稻谷，真是家里有粮，心里不慌。还住上了新房，再也不怕刮风下雨了。"脱贫之后，蔡红莲的笑声更加爽朗。

### 感恩奋进带乡邻

"帮扶政策再好再多，自己不努力，金山银山也会吃光用光。"回忆起脱贫路，蔡红莲感慨万千。

每当帮扶工作人员去她家走访时，基本上很难见到她，但若去她家对面的茶山的果园里，一准能找到她。她把省农科院专家传授的技术，在自己的地里实践后。又把这些技术传授给其他村民，为周边果园、茶场提供技术服务。

← 蔡红莲在自家院内展示收获的蜜橘

古稀之年脱贫了,她从来没有像现在这样充满激情和干劲。由于蔡红莲掌握了果园除草、施肥、打药、采摘等技术,她和村里其他人一起成立了"打工团",一传十、十传百,蔡红莲"打工团"成为村里村外果园争抢的对象。

蔡红莲是"打工团"总联系人,他们虽说是打零工,但每人每天能挣100块钱左右。由于果园负责人几乎都是找蔡红莲联系业务的,团员提出,每人每年出10元钱给她充话费,但被她拒绝了。她说:"举手之劳,大家挣钱不容易,有钱大家一起挣嘛!"

有一次,蔡红莲的邻居,一位名叫义凤的60多岁的妇女,她也想跟着"打工团"到果园里做工赚点钱补贴家用,可果园老板嫌她个子太矮。蔡红莲不干了,理直气壮地反驳老板说,矮有矮的优势,高有高的优势,关键是如何用人。老板觉得在理,就留下义凤在果园里做工。

2020年,全国上下都在奋力战"疫",面对新冠肺炎疫情的严峻形势,越来越多的人加入抗击疫情的队伍,让更多的人在这个难忘的春节感受不一样的温情。蔡红莲也不例外,她主动请缨加入疫情防控的队伍,从宣传政策、入户排查,到卡点执勤一样不落。她说:"在我最困难的时候,党和政府向我伸出了援手,在这全民抗击疫情的时刻,我也想出份力!"

当全省上下开始复工复产时,蔡红莲早已在柑橘基地外分两批饲养了3000只鸡,并且准备在2019年冬天就挖好的小鱼塘里养鱼。每当困难来临之时,她总是那个最乐观、最忙碌的人。"只要干得动,决不当落在最后的人!"无论何时,蔡红莲总在乌云周围寻索着微光,努力活下去、走下去、幸福下去。

## 从贫困户到省劳模的蝶变

早早辍学外出务工,父母年老体衰、疾病缠身,又遭遇妻子患病……倘若你的人生是这样的开局,会走向什么样的发展?

在这座被誉为"中华灵宝第一山"的葛仙山,有这样一位农民,他历经磨难,独自扛起如山的责任,他说:"出路出路,走出去了,总是会有路的。困难苦难,困在家里就是难的。"他还说:"最困难之时,就是我们离成功不远之日。"

身居大山却有如此感悟的他,得到了党和政府的关心关注,于是他从一个贫困户一路逆袭,从一贫如洗的穷小子到百亩葡萄基地的负责人,他找到了致富的"密码"。2015年,他感党恩,成立铅山县葛仙山乡巨龙双畈葡萄种植专业合作社,吸引200多户贫困户,带领他们脱贫致富。

他,就是"江西省脱贫攻坚奖奋进奖""江西省劳动模范""全国优秀农民工候选人""全国脱贫攻坚先进个人"获得者欧建平。

### 命运多舛,家庭连遭不幸致贫

"乘风直上葛仙顶,仙家楼阁烟霞深。蓬莱何曾弱水隔,兜率有天才咫尺。……"宋代熊克这样描绘璇霄丹阙的葛仙山,这是国内为数不多的人间仙境。

高耸入云的葛仙山，早先并没有带给山民恩惠，反倒是大山仙尘路隔，农民因为水远路长加重了生活的负担。在积贫积弱的铅山县葛仙山乡（今葛仙山镇）长岭村，欧建平早早辍学，17岁那年，他只身到福建古田的果园打工，因为想学技术，果园的脏活累活，他全包了。

久而久之，园主见他吃苦耐劳，便把种植技术、经验悉数传授给他。欧建平没有辜负园主的期待，他管护的果园效益显著。欧建平一度想在那里安定下来，甚至都把妻子和儿女带到了福建，一边看护果园，一边养儿育女。

好景不长，2009年因父母年迈多病，急需欧建平照顾。孝顺的欧建平思前顾后，说道："父母在，不远游，游必有方。"他与妻子商量，决定全家返回老家。

回家后，欧建平没有闲着，而是依托在福建积累的技术和见识，在村里开始流转土地种水稻。他第一年流转耕地30亩，第二年翻倍……正当欧建平铆足劲，准备大展拳脚时，2012年，妻子被查出患有甲状腺疾病，种粮大户梦从此搁浅。他带着妻子四处求医，为治病花光了多年积蓄，还欠下几万元债务。那时，三个儿女正在读书，有时家里连一块钱都拿不出来。"那时真是太苦了，但看到儿女，又咬咬牙扛了下来。"欧建平回忆道。

无奈之下，欧建平只好向当地民政部门申请低保，2014年欧建平家被列为建档立卡贫困户。在生活得到基本保障后，欧建平看着之前从村里承包过来的土地，觉得既然种植水稻并不能满足家庭支出，何不靠着以前学到的技术试着种植葡萄呢？

于是，欧建平开始了葡萄种植事业，由于缺乏启动资金，他四处奔走，辗转找到亲戚的一个朋友入股。欧建平提供土地和技术，合伙人投

## 逐 梦

入资金15万元。2013年，他们从青岛引进了"巨峰"葡萄枝条，成功嫁接、培育了5000株葡萄树苗，种植面积达20亩。

第二年葡萄成熟后，由于技术得当，品质优良，当年就实现收益13万元。可是，好景不长，虽然葡萄的收益可观，考虑到农业投资回报较慢，要做其他生意又需要资金，合伙人找到欧建平撤回了入股资金。这次的釜底抽薪让欧建平彻底崩溃。

### 大胆尝试，闯出一条致富路

2014年，朋友突然撤资，令欧建平扩大种植规模的计划落了空，他决定单干。几十亩地的葡萄，欧建平一个人埋头苦干，在棚里修枝、施肥、除草，有时累瘫在棚里，有时因为脱水差点晕倒在地里……如此拼命，他的故事传遍乡里。

时任葛仙山乡党委书记的江文被他的事迹感动了，经常前往欧建平家的葡萄园走访。有一次，江文找到欧建平询问："你家葡萄口感不错，也很畅销，为何你仍是贫困户？"

欧建平便把自己的故事一五一十地告诉江书记。江文鼓励欧建平不仅要顶住压力，还应扩大葡萄园规模，成立合作社，带动周边贫困户参与种植事业，欧建平欣然答应。

为此，江文以个人名义担保，帮助欧建平申报了产业扶贫资金7万元和金融贷款10万元。依靠这些资金，欧建平扩大了种植规模，成立了巨龙双畈葡萄种植专业合作社，当时的葡萄种植面积就达到了40亩。

↑ 欧建平为葡萄除杂草

01 奋斗典型

合作社刚成立时，吸纳了9个建档立卡贫困户，次年，他们便拿到了每亩1600元的分红。随着合作社越办越红火，大家看到了致富的希望，参与合作社的人越来越多，众人拾柴火焰高，欧建平的合作社成为当地一股强大的脱贫攻坚力量。

事业顺风顺水，妻子的病情也逐渐稳定下来，虽然每天还要吃药，但可以帮欧建平干些活了。更让欧建平高兴的是，当时就读于九江职业学院的大女儿正在努力复习，准备参加专升本考试；小女儿在铅山二中读书，成绩一天比一天进步。

2016年初，欧建平拿着申请书，向驻村干部递交了退出贫困户的申请。同年，欧建平与妻子商量好了，眼看着生活越来越好，虽然她每年还要花8000多元用于治疗，但他们还是决定退出低保，把机会让给更需要的村民。

欧建平经常受邀前往省内多家基地走访学习，他也从中意识到产业必须多元化发展。"现在除了种植葡萄外，还种植了水稻、油菜、砂糖橘

↑ 欧建平在葡萄地察看葡萄长势

## 逐 梦

**↑ 欧建平在葡萄种植基地剪枝**

等各十余亩，油菜差不多可以收割了，过段时间还要引进甜瓜种植。"欧建平欣慰地说。

在葡萄种植上，欧建平意识到品质才是核心价值，他始终坚持不施化肥、农药，从外省买入鸡粪，大量采用人工除草。为了照顾更多贫困家庭，他优先录用贫困户，以9元的时薪雇人在葡萄园从事绑枝、盖膜、锄草、摘芯等工作。

平静的湖面锻炼不出精悍的水手，安逸的生活打造不出非凡的人生。欧建平作为合作社带头人，整日泡在葡萄园里面，把葡萄园当成了第二个家。"他们家的葡萄不甜才怪，这么用心的人世上少有。"村民对欧建平种植葡萄的技术非常认可。

### 倾情帮扶，携手群众齐奔小康

"我一个人富了不算富，带领更多贫困户一起致富才是真正富。况且随着规模越来越大，仅靠一人很难保证葡萄品质。"自从担任铅山县葛仙山乡巨龙双畈葡萄种植专业合作社理事长之后，他更加笃定只有抱团发展才能带动村民一起致富。

从20亩扩种至40亩，股东也由1户增加到10户，其中9户都是建档立卡贫困户。作为理事长，他自己不仅学习专业知识和技术，从2016年开始，他连续在南昌参加新型职业农民培训课程。同时，他引进玫瑰香葡萄、阳光玫瑰葡萄等品种，手把手地将技术教给其他股东。

2017年，合作社申报产业扶贫项目资金30万元，覆盖葛仙山镇贫困户62户200余人。身患心脏病的丁瑭姊，干不了重体力活，可儿子和丈夫都生病瘫痪在床，稍远的工作也没办法接，她只能就近做些轻体力活。自从进入巨龙双畈葡萄园工作后，她不仅可以赚钱补贴家用，人也越来越精神。"这里干活每小时9块钱，随时走随时结账。相比很多拒绝使用老年人的地方，欧建平对老年人来说非常不错了。"丁瑭姊很是知足。

扶贫必扶智，治贫先治愚。贫穷并不可怕，可怕的是知识匮乏、精神委顿。脱贫致富要注意富口袋，更要注意富脑袋。欧建平一方面引领其他贫困户参与到葡萄产业中来，另一方面也不断尝试种植新品种，把试种成功的葡萄送给顾客品鉴，再从十多个品种中挑出顾客最满意的巨峰、红富士、阳光玫瑰、醉金香、夏黑及玫瑰香6个品种扩大种植。

学习、试种、分享，一连串的操作下来，让葛仙山镇长岭村、陈家坞村的贫困户不仅得到收益，还学习了一门种植技能，欧建平成了铅山县家喻户晓的感恩奋进人物。2019年，欧建平荣获"江西省脱贫攻坚奖奋进奖"；2020年，欧建平被评为"江西省劳动模范"。

## 逐 梦

"我这个葡萄园能发展到这么大的规模离不开政府对我的支持,我需要回报政府和社会。"欧建平言必行,行必果。

欧建平做梦都没想到,他的葡萄销量会迎来爆发式增长。"合作社毗邻葛仙山,可以发展旅游观光农业,每到葡萄成熟的季节,都会有大批游客前来品尝、采摘。"欧建平在靠近葡萄园的公路口,树起了一块大大的招牌,用于招揽进山的游客。

谈到未来,欧建平描绘起了二次创业"蓝图":除了巩固90亩葡萄,还要重点聚焦六大品种,其中重点扩大市场走俏的阳光玫瑰等优良品种;同时,在葡萄园套种甜瓜,以立体种植帮助更多的脱贫户走上致富路!

长岭村已经和欧建平谈好合作发展村集体经济了,村里出资种植70亩的优质葡萄,欧建平提供葡萄苗和技术管理。"能为发展村集体经济出力,我必须全力以赴,即使一分钱不赚我也心甘情愿。"欧建平对此感到无比自豪。

## 移民村里的贴心"当家人"

夜幕降临，鄱阳县谢家滩镇三潼村华灯初上，街道空空荡荡，与之相反的是扶贫车间人声鼎沸、机器轰鸣。

几年前，三潼村弥漫着一股歪风邪气，村民聚众赌博，颇有破罐子破摔的态势。由于三潼村是数个村移民组合而成的，大家相互猜忌，村庄建设无从下手。

这一切还多亏了陈东海，他临危受命，面对村集体经济产业几乎为零、人心涣散的三潼村，他以党建引领凝聚人心，以产业发展带领全村脱贫致富，以责任担当做好农村工作，把一个涣散的"空心村"带成了"鄱阳县先进基层党组织""鄱阳县文明村镇""鄱阳县和谐党总支""上饶市综合减灾示范社区""上饶市六好秀美乡村"。2021年，陈东海还荣获"全国脱贫攻坚先进个人"称号。

↑ 2019年，陈东海荣获上饶市"全市优秀党务工作者"光荣称号

## 党建聚人心

1998年,一场洪水淹没了鄱阳县许多地方,其中鄱阳县谢家滩镇潼滩、潼木、潼北以及周围其他一些村庄的房屋都被洪水冲毁。

洪水退去,村民无家可归,当地政府组织这些地方的村民进行灾后重建,因为三地都有"潼"字,因此取名"三潼"。

移民新村虽然把人聚集起来了,但是村民的心是散的,各自为营,互不往来,甚至埋下不少矛盾隐患,村庄建设很难形成合力。

2011年,陈东海接过老支书的"担子",老支书语重心长地对陈东海说:"三潼村是移民村,情况复杂,之前我们的工作重心是维稳,接下来的发展就靠你带头了。"这番话让他感受到了沉甸甸的担子。

三潼村,全村1950户8541人,建档立卡贫困户就有324户1325人,贫困发生率高达15.5%。

↑ 陈东海(左一)汛期组织爱心捐助

01 奋斗典型

在全村第一次群众座谈会上，村民就毫不留情地给了陈东海一个"下马威"。有的说："家里遭灾了，日子过不下去了。"有的说："书记，我要当贫困户。"也有的说："书记，我要吃低保，扶贫怎么还不发钱？"……

虽说是"下马威"，但是细想，许多村民确实艰难，也不能批评村民说得不对。有着丰富党建工作经验的陈东海认定"扶贫先扶志，党员先带头"。他作为三潼村党总支书记，为落实党建"第一责任人"职责，陈东海全力引导全村党员干部，担当脱贫致富带头人、扶贫政策宣传员、脱贫干劲督导员和扶贫项目监督员。

↓ 陈东海（右）给群众送物资

↑ 陈东海（右）汛期帮助群众转移

以党建"三化"建设为契机，强化基层战斗堡垒建设。从健全基层组织设置、加强村级班子建设、完善工作运行机制、优化党员队伍建设、规范基层组织生活、强化廉政作风建设、促进重点中心工作等7个方面的工作入手，通过打造县镇党建示范点，开展"党建+脱贫攻坚""党建+人居环境""党建+集体经济""党建+先锋模范"等系列"党建+"活动，让党员成为群众眼里真正的带头人。

村里路难行。陈东海积极带头行动，积极向上级争取各类基础设施建设资金超过1000万元，硬化主干道5000米、次干道18000米，极大方便了村民的日常出行。宽敞的道路，打开了企业和农户特色产品销售的大门，为乡村经济建立起社会发展的"大动脉"。

村庄脏乱差。他发出"群众对农村脏乱差的印象要从我们这代彻底消除"的口号，带领党员干部从解决村民饮水安全入手，由于村民户数太多，一个项目搞不定，他们不得不自筹资金堵缺口。

除此之外，陈东海还自筹资金解决了环卫经费的缺口问题，在村内种植绿化果树 2000 株，安装路灯 600 余盏，新建下水道 1100 米，堰塘护坡 400 米，拆除旱厕百余座，修建卫生公厕 10 余座，全村改水改厕率达到 100%，圆满实现"山好水好村子好"的秀美乡村建设目标。

### 产业助脱贫

2020 年入秋，三潼村村民英春在皇菊花田中愈加繁忙。尽管四个月前，一场山洪席卷了她家的皇菊种植基地，基地几乎绝收，但她毫不气馁，积极开展生产自救，迅速重建美丽新"田园"。

英春的信心来自三潼村的变化。"洪水无情，人有情，只要陈书记在，我们就有信心。"从洪灾阴影中走出来的英春说。这次灾后重建不是简单地恢复原貌，三潼村在组织重建家园、恢复生产的同时，还同步推进农村人居环境整治。面对灾害，少部分村民却说着风凉话："穷窝窝，没前途，花钱打水漂。"陈东海没有理会，他理解村民的心情。

每次外出学习，陈东海都会研究当地的特色产业，他发现菊花是个不错的特色种植产业：一方面菊花种植期短，另一方面还成功避开了洪涝季节。为了解决资金不足的难题，他鼓励村民成立皇菊种植合作社。针对三潼村从未有过大规模种植经济作物的经验和技术的问题，陈东海邀请农业技术专家来村里开展现场培训，还与省农科院合作建立菊花种植产学研合作基地，既取得了先进的菊花种苗资源，又取到了种植技术的"真经"。

↑ 陈东海（右）为菊花产业合作社揭牌

有技术，有种苗，有帮扶单位投入资金及协调贷款的扶持，还有建档立卡贫困户和其他村民的支持，三潼村菊花产业发展顺风顺水，种植面积达 50 亩，吸纳贫困户就业 15 人。

英春作为最早一批参加合作社的贫困户，陈东海始终关注着她的发展，不断帮助她提升、进步，使其成长为合作社的技术骨干。英春在辛勤劳动中实现了脱贫致富，更是被谢家滩镇扶贫系统评选为"奋进之星""致富能手"。

皇菊产业的成功，让陈东海更加坚定了自己的主张：产业扶贫是脱贫的根本之策。他经常在会上说："村庄发展没有产业就没有活力，有了产业，娃娃们将来才能在村里留得下，立得住。"

干群齐心，其利断金。三潼村迎来高速发展，一个个项目接连落户：制衣厂、鞋厂等先后落地，这解决了村里 100 多人的就业问题；五金机电经营部、纺织配件公司、服装公司等也纷纷入村。三潼村从一个农业

## 逐梦

↑ 陈东海（中）向帮扶干部（右）介绍贫困群众基本情况

村变成一个集加工业、商业零售业、服务业为一体的商贸大村，以此促进的就业人口近2000人。

为了帮村内企业有更好的发展，三潼村帮助华荣电器协调财园信贷通贷款200万元，另外还积极协助华荣电器、建平电子申请并获批了两个扶贫车间，共吸纳98户贫困户就业。与此同时，三潼村还承接上级的光伏、旅游等产业扶贫项目。2018年，光伏产业扶贫补助175户，旅游产业扶贫补助5户，一村一品产业补助97户，享受产业直补资金85户，这让脱贫户实现了产业全覆盖。

2018年，三潼村脱贫摘帽；2020年，三潼村实现了工业产值超千万，村级集体经济在鄱阳县率先突破50万元。提起这份成绩单，群众无不满脸自豪："这都是陈书记带领我们两条腿走路的成果。"

### 做农村工作要勇于担当

习近平总书记指出，敢于担当，党的干部必须坚持原则、认真负责，面对大是大非敢于亮剑，面对矛盾敢于迎难而上，面对危机敢于挺身而出，面对失误敢于承担责任，面对歪风邪气敢于坚决斗争。担当，就要有担当的脑子，要有担当的意识，否则就不会有担当的行动。

陈东海认为讲担当，既要埋头做事，也要眼望前方、创新发展。他大胆采用党员干部建议，创新性地建立了一套覆盖全村的精准扶贫施策信息反馈网络，以村级基层党组织为网络的高效处理器，以优秀党员干部为网络的数据采集节点，以党员和群众的之间的密切联系为网络的快速传输纽带，充分发挥出党员干部的主观能动性，通过网络密切关注贫困群众的生活动态，及时掌握相关信息。

脱贫户江水发的妻子因突发疾病，长期卧床，江水发仿佛失去了生活的动力，仅依靠低保浑浑噩噩地维持生活，原本幸福美满的一家人日益困顿。网格员掌握信息后第一时间上报了这一情况，陈东海主动上门慰问，详细调查情况，帮助江水发一家寻医问药，使其妻子成功度过危险期，陈东海还多次帮江水发到上百公里外报销医疗费，帮助江水发就近就业。

"做干部要有使命意识，越是紧要关头越能考验党员干部的初心使命。"2020年，面对新冠肺炎疫情和历史罕见的特大洪水时，陈东海第一时间发动党员干部利用村内广播、宣传车、微信等渠道做好疫情防控宣传，及时让村民了解防控进展和防控措施。

在实施交通管控后，他一边参与卡点值守，带头守好村庄大门，一

↑ **组织贫困户参与产业发展，劳动增收**

边协调物资运输，保障群众居家隔离。在近两个月的"离家生活"中，即使卡点离家只有几公里的路程，他也不曾回家。大家劝他："不用总守在一线，回家休息下，我们可以守着。"陈东海坚定地说："党员干部要带头，书记更要身先士卒。"那时，在陈东海和党员干部的值守下，三潼村无一人感染新冠肺炎。

2020年7月，面对一场大洪灾，陈东海组建了党员干部抢险队，连夜冒着倾盆大雨，一户户敲开群众家的大门，以最快速度转移安置群众63户。转移群众后，陈东海又带队展开巡逻。当听到洪水中心传来呼救声时，他立刻和巡逻队员找来一艘船，和八九名党员干部组成了救援突击队，连夜冲进洪水展开搜救。三潼村一个年近七旬的老人被困在屋顶，陈东海带着6名党员展开紧急营救，23分钟后成功救出老人……本次救援，他们共成功救出6个受困村民。

洪水过后，他又一次带领三潼村党员干部做监测预警，进行堤库排查，展开恢复生产等各项工作。"我是党员，把最艰巨的任务交给我！"哪里最危险，哪里就有陈东海的身影。

## 畲乡飞出"金凤凰"

赣浙闽边界,绵延千里的武夷山,藏着数以千计的小山村。在武夷山西麓的一个畲族山村,飞出了一只"金凤凰"。

她,精明能干,善于发现商机,从在山地里种植中药材,到带领村民像种植水稻一样种苗木,让一个鲜为人知的小山村,蝶变成富裕的"苗木村"。

她,审时度势,善于把握机会,依托畲族乡情,深挖少数民族文化,把小山村演变成闻名遐迩的旅游度假村。

她,无私奉献,甘为人梯,带领村民开发乡村民宿,打造畲茶、畲酒、畲果、畲粽等传统美食,让小山村百姓同步实现小康梦。

她就是资溪县乌石镇新月畲族村第一书记兰念瑛。这个集"全国民族团结进步模范个人""全国'双学双比'女能手""全国绿色小康户""全国脱贫攻坚先进个人""全国劳动模范""全国三八红旗手"等称号于一身的人,在2020年让新月村实现村级集体经济收入100多万元。

### 选准一个产业

1969年,兰念瑛跟随父母从浙江移民来到资溪县乌石乡新月畲族村

（当时为大草湾村），住的是茅草棚，那年她 11 岁。

那时第一批进山的村民，家家户户住的是土坯房，人均不到一亩耕地且大多数为冷浆田，全村仅有一条通往县城的山路，崎岖蜿蜒。

全村仅有一头牛，人们农忙时拼命耕田，农闲时还得踩泥巴制作瓦片。村民只希望有饭吃、能吃饱，荤菜想都不敢想，至今流传着"红薯当年糕，辣椒作油炒，火盆是棉袄"的顺口溜。

1984 年，兰念瑛在报纸上获悉浙江黄岩在开办育苗种植培训班，她与丈夫商量后卖掉家里圈养的猪，带着这笔钱前往浙江参加培训。培训班结束后，她买了几百斤种子，并精心培育起来。仅 4 个月，枳壳出苗后，兰念瑛从中净赚了 2400 元，这是她学成归来后的第一桶金。

这桶金让她对种植事业信心大增，兰念瑛认为只有扩大规模才能产生效益。于是，她把赚来的钱再次投入育苗育种，但遭到家人反对，希望她不要冒风险，小心赚来的钱打水漂。兰念瑛陷入沉思，看着家里一贫如洗的样子，再看看村里一间间茅棚，她更加笃定只有改变落后观念才不会贫穷。

说干就干，她读书看报，寻师访贤，刻苦钻研苗木栽种培育技术，大大提高了苗木成活率。终于，她成功种植枇杷苗、橘子苗等 16 万多株，当年的收入就有 1 万多元，成为当时全村第一个"万元户"。

看到兰念瑛取得的成效后，村民们纷纷推选兰念瑛为村委会主任，希望她能带领大家摆脱贫困。也是从那时起，兰念瑛就暗暗下定决心，一定要让全村人都能脱贫致富，过上好日子。

1998 年，特大洪水肆虐，森林植被大面积受损。兰念瑛当机立断，利用有着"天然植物基因库"之称的马头山原始森林，号召村民上山采种，育种成苗，从而开辟出一条新路子。

可是万一培育的树苗卖不出去怎么办？村民们犹豫不决，谁都不想冒风险。兰念瑛便挨家挨户地上门做工作，以自己承担所有损失为条件劝说村民签订协议。

第二年，兰念瑛带着苗种四处奔波，开拓苗木市场。2000年，国家退耕还林政策落地，大批订单纷至沓来，这让新月畲族村人看到了希望。2001年，村里的苗种换回了200万元现金。有的村民分到十几万元，最少的也有几万元。

尝到甜头的村民，紧跟兰念瑛的步伐，在村里成立了3家苗木专业合作社，村办、户办、联户办种苗场有21家，苗木基地面积达1000多亩。有杜英、丹桂、含笑等50多个品种，远销福建、广东、上海等10多个省市，年产值突破400万元。

### 打造一个特色

2015年3月6日，在十二届全国人大三次会议期间，习近平总书记参加江西代表团的审议。他亲切询问兰念瑛，农家乐是否办起来了，高速路是否开通，并嘱托她把生态旅游做好。

殷殷嘱托，给了兰念瑛加快建设美丽乡村、发展乡村旅游的巨大信心和动力。

绿化苗木市场日渐饱和，帮助村民寻找新出路成了当务之急。

引进彩色树种和珍贵花卉，升级传统产业，个性订制苗木产业让村民找到新蓝海；深挖畲族文化特色，带领村民走上乡村旅游发展之路，成为兰念瑛的新起点。

吸引游客，首先要人畅其行。2015年，兰念瑛历经数年申报的通村公路终于通了，村民出行基本靠腿的历史一去不复返了，更让村民喜出望外的是进城本需要一个小时，通了公路后只要15分钟，数十年的夙愿就这样从梦想走进现实。

## 逐 梦

路通了,更不能"等靠要",兰念瑛又有了更大的目标——发展畲族风情游。

自 2016 年起,借着发展全域旅游的东风,兰念瑛深入挖掘畲族民族文化特色,打造少数民族文化特色村寨。她邀请民俗专家对畲族文化进行收集整理,完善畲族歌舞、服饰、饮食、武术、宗教等文化内容,建设畲族特色文化馆。

在新月畲族村醒目的位置,立着一头牛雕塑。这是一头为民服务的孺子牛,这是一头创新发展的拓荒牛,这更是一头艰苦奋斗的老黄牛:这是新月畲族村人的精神图腾。

新月村新建了特色村寨门楼,改造了民房屋面,画上了畲族《三公主求雨》《蓝灵公赴徽州治病》等具有畲族文化特色的民间传说图案。

围绕新月畲族村,建成了山哈广场、环村旅游公路。兰念瑛认为,少数民族应该把民族特色挖掘出来,因此推出了畲族民俗风情表演、青

↑ 兰念瑛(右二)——带领乡亲致富的"金凤凰"

年山歌、婚俗体验、武术展示等。游客进村后，一路都能看到青瓦白墙的房屋、工艺精湛的雕窗和独具风情的彩绘。

新月畲族村的少数民族特色村寨建设别具一格，人无我有、人有我优。村里的田园水果、丘陵茶叶、山坡毛竹、山下花海等产业，成了村民脱贫致富的"引擎"。

同时，她鼓励村民进行民宿改造，发展民宿产业，销售女儿红米酒、艾果、三鲜粽等畲族特色食品。新月村特色鲜明，产业众多，因此多次获"全国文明村镇"殊荣，又成功入选"第二批中国少数民族特色村寨"。2020年，村级集体收入突破100万元。

## 助力一方脱贫

回想做苗木、搞旅游、推产业时，兰念瑛心心念念的，就是让村民大步奔小康。

做苗木产业时，只要有村民愿意踏入她家，兰念瑛就毫无保留地向他们传授育苗技术和办农家小苗圃的经验，经她手嫁接的苗木，成活率都在95%以上。

她先后制定了苗木栽种制度、信誉制度、苗木销售制度等。在苗木的销售上做到先村民后党员、组长、村干部，使村民能够栽种"放心苗"。

2001年夏天，兰念瑛因腔内出血住进了资溪医院，当时有一个高速公路绿化招标会在南昌举行，她竟然偷偷"溜"出了医院，乘车直奔南昌。她强撑着直到拿到40万元的订单，结果在返程时晕倒在南昌车站，幸亏列车员帮忙，才安全回到了资溪。

为采摘一种名为"美毛含笑"的树木种子，兰念瑛带着村民进入森林，爬上光溜溜的树干，整整花费了3个小时采摘种子。"当我们把她放下时，她都站不住。可她还笑着说上面的风景真不一样，说有几道安全绳保护着她，我们那么紧张干什么。"村民兰金坤回忆道。当她拿着一包包沉甸甸的种子下地时，村民看着她手脚上的伤痕，眼泪都止不住地流下来。

精准扶贫、扶真贫、真扶贫，不能"手榴弹炸跳蚤"。村民老兰一家的情况有点特殊，兄弟五人开了一座窑厂，由于经验不足、管理不善，不仅赚不到钱，反而欠下一屁股债。在走投无路时，他们向兰念瑛请教，经过再三斟酌，她动员老兰家种板栗苗。五兄弟一种就是数十亩，规模化经营，正是这几十亩板栗苗让他们走出阴霾，从此苦尽甘来。

村民兰启华妻子长年患病，又抚养着3个孩子，生活举步维艰。兰念瑛主动和他家结成帮扶对子，先是出资2000元帮他购苗，再是教他种植苗木，学习技术。如今，兰启华已经成长为创业致富带头人，真正摆脱了困境。

村民卢国荣患有眼疾，妻子患有精神障碍，兰念瑛为他家申请了低保，让他在村老年活动中心做保洁工作，每月仅上10天班，每天收入50元，基本解决了一家人的生计问题。像卢国荣家这样的贫困户村里还有3户，兰念瑛都一一给他们提供了公益性扶贫岗位。

曾是建档立卡贫困户的兰玉明想开店摆脱贫困，兰念瑛借给他2万元作为启动资金；兰玉明建房资金不足，兰念瑛出面担保赊建材。雷国根儿子、儿媳妇闹离婚，是兰念瑛想办法劝和的。兰月建因家贫娶不上媳妇，兰念瑛不仅帮他建房，而且帮他物色对象……

在新月畲族村，村民有一句口头禅："有困难找念瑛。"这是口碑，更是信任。新月畲族村119户人家、423位村民在她的带领下，在2018年实现了整村脱贫。2019年，全村接待游客从3年前的4000人次迅速增长到50万人次，村民人均可支配收入达到了1.7万元。

# 崇河之畔的"傻"书记

东津水电站下游,潺潺崇河之畔,山环水绕的修水县马坳镇黄溪村,散发着静谧祥和的气息。村子里,别墅集中连片,柏油路纵横交错;村口,葡萄园、桑园相映成趣。

十多年前,黄溪村却是另一番景象,荒芜的稻田,破烂的房屋,村干部五年没有发工资,村里负债 200 多万元……2015 年,黄溪村建档立卡贫困户 66 户 227 人,贫困率达 7%,是个"好事没有、坏事不断,多年难变点样"的省级"十三五"贫困村。

黄溪村破茧新生,得益于村民选出了"傻"书记——徐万年。他"傻傻地"放弃百万年薪,"傻傻地"不让家人做村里的工程,"傻傻地"把压力扛在肩头,带领村"两委"班子致力黄溪发展,最终引领群众脱贫致富奔小康。因此,他个人不仅荣获"全国脱贫攻坚奖创新奖获""全国脱贫攻坚奖先进个人",还把"空壳村""薄弱村"带成了"全国民主法治示范村""全国一村一品示范村"。

## 舍小家顾大家

早年,徐万年当过 3 年副乡长,4 年区企办主任。1996 年,他辞去工作，凭着自身养殖技术去创业，经历众多挫折和艰辛之后，取得创业成功，成为当地有名的民营企业家。

2008年之前，黄溪村人心涣散，产业匮乏，民风彪悍，全村因斗殴、偷窃等被判服刑的村民有60多人。

改变黄溪这个贫困落后的面貌，既是村民共同的期盼，更是当地党委政府必须消除的一块"心病"。

2008年10月，修水县各村换届选举进入尾声，黄溪村迟迟没有完成换届选举，马坳镇党委政府负责人、村民纷纷找到徐万年，请他再度出山。

已是当地有名的民营企业家的徐万年起初是拒绝的，但一拨又一拨的村民来到他家，徐万年心动了，他说："一个人过得再好也没用，大家好才是真的好。"

徐万年刚上任时，对村民说："大家一定要改变思想，只有这样，我们才能在三至五年内把村里变个样。"

↑ **徐万年在黄溪村桑叶基地**

听到这番话,有村民赶紧对徐万年说:"徐书记,有些话不要说得太满,村里基础太差了,我们跟着你慢慢干。"

此话不假,因为地处东津水电站下游,流经黄溪村的修河水温常年是8摄氏度,用这样的水种禾苗,稻谷产量低,村民纷纷选择弃田荒地。

走访调查后,徐万年决定从村"两委"班子、党员思想入手,先后赴上海、江苏、山东等地参观考察。2009年,村"两委"班子来到华西村求农村发展"真经"。

从华西村回来后,徐万年为村干部建章立制:他自己不领一分钱工资、不拿一分钱补贴、不报销一分钱差旅费;村干部亲属不参与村里的项目,不抽项目承包方一根烟,不喝他们一顿酒,不吃他们一顿饭;每月召开一次全村大会,通告村里发展情况及未来规划……这些规章保留至今。

10多年来,他每天第一个到村部上班,在他的带领和表率下,村"两委"干部几年如一日默默奉献,无论工作多苦多难,从不退缩,毫无怨言。翻开黄溪村的工作日志,就会发现这个村的村班子成员人均每年上班260天以上,徐万年的上班时间更是达到平均每年350天左右。

## 算好民生账

公生明,廉生威。

徐万年在村里做事总能一呼百应,村民知道他"靠谱",因为他心里总装着一本民生账本。

徐万年上任之后,积极推行"四议三公开"工作法,凡重大事务一律采取党组织提议,两委会商议,党员大会审议,村民代表大会或村民大会决议定夺,坚持"决议公开、村务公开、实施过程与实施结果公开"。在中心村建设、土地流转、修路架桥等村级事务中,不再由几个村

## 逐 梦

↑ 徐万年展示村里培植的花卉苗木

干部甚至村支书一人说了算,而是通过村民代表表决,每季度公开一次,主动接受社会监督,确保村民的知情权、建议权和监督权。

半岛型的黄溪村地处偏僻,村民到县城,只能翻山越岭,时间成本太高。修一座桥,让黄溪村接上省道304,可解决村民出行难题。

2012年,黄溪大桥开工之际,有村民说:"崇河水流湍急,如何能打桩建梁?若能把黄溪大桥建成,我倒着走9公里马路。"徐万年只是笑笑。

从第一个桥墩建成时起,全村100多名老人天天坐在村口看着,他们守望黄溪大桥,希望有朝一日也可以到外面看看。当长126米的黄溪大桥竣工后,村民方新华请来了十多年没有来过黄溪村的丈母娘。

2013年,黄溪村启动中心村第二期建设,正好徐万年的祖居就在规划范围内,徐万年做通父亲的思想工作后,从自家带头拆房。不料在拆房过程中,他从楼板上摔下,腰部和颈部严重扭伤,可在家休息不到一个星期,他便回到拆旧一线。村民们被徐万年这种忘我的精神感动了,党员组长纷纷带头,短短1个多月,100多栋房屋全部拆迁到位。党员陈先秋说:"徐书记为了村里的工作,自己的身体都不顾,我们还有什么顾忌的呢。"

百年大计,教育为本。在村委会大楼旁边的黄溪小学学生越来越少,徐万年心急如焚,他为村民算了一笔账:黄溪村每流出一名学生,一户村民每年就要付出2万多元的教育成本;如果全村300多名学生外流,那么村民要付出600多万元的教育成本。

再穷也不能穷教育。为了留住年轻的老师，黄溪村推出了鼓励办法和服务措施：在重要节假日邀请村民聆听老师分享教育心得并给予老师奖励；为老师建宿舍，配备厨师和服务人员，让他们专心教学。黄溪小学越办越好，学生从2008年的几十人增加到2019年的300多人。截至2019年，全村培养出了大学生374名。

### 建设美丽家园

黄溪村有15个村小组，"住在土坯房，做饭烟尘扬。晴天一身土，雨天踩泥浆"是村组的真实写照。

2014年，徐万年着眼长远，按照统规自建、分步实施、配套到位的思路，本着"优化空间布局、完善公共设施、凸显社区功能"的理念，黄溪村分四期建成全县最大中心村，将16个自然村集中搬迁到中心村，实现就地城镇化，吸纳群众509户，村民集中居住率达到98%。他把移民搬迁、危房改造、土地增减挂、新农村建设等有机结合，本着统一规划、因地制宜、突出特色、统筹安排、分步实施的原则建设中心村。

这项工作的背后，是4个村小组拆旧建新、三期240亩征地、4000多座祖坟迁出等触及村民切身利益的难题，要破解，唯有想村民之所想，行动走在前。

徐万年与村干部从配套设施入手，建成了修水县首个村级自来水厂、首个村级公墓区、首个垃圾焚烧厂等，在规划500多栋带独立庭院的连体式别墅的同时，配套建有休闲广场、文化中心、医务室、农贸市场等，并实现路面硬化、安全饮水、宽带入户、健身器材、绿化亮化全覆盖。

村里还为孤寡老人等特困人群建设了22套公租房，产权归村里所有，孤寡老人和五保户等可免费居住，这样就解决了孤寡、五保等弱势群体无房住的后顾之忧。

2019年，500栋连体式别墅建成，村民迁入新居，个个喜笑颜开。中心村里有超市、沼气池、休闲广场、室内篮球场等；村民没有自留地，村里建起了村级菜市场；为了方便村民锻炼，黄溪村打造了全长约3.7千米的崇河景观带；一排排整齐划一的楼房，红砖黛瓦，粉垣红楼，高墙头、深宅子，加上宽敞洁净的水泥路面，道路两旁、房子前后盛开着各种姹紫嫣红的时令鲜花，处处洋溢着一派新农村的气息。

### 深耕致富产业

以城镇化理念建设中心村，让农村土地更加集中连片。发展思路确定下来，说干就干。黄溪村近百亩水田因上游修建东津水电站，变为"冷浆田"，水稻从一年两季变成一季，农民收入减少了不少。徐万年和村"两委"经过反复论证和征求意见，决定改田种桑。

徐万年上门动员村组干部和党员带头发展蚕桑，通过多方努力引进江西省蚕种厂，与省蚕种厂合作推广科技养蚕，将黄溪建成全省制种基地，采用"公司+合作社+农户（贫困户）"的经营模式。

黄溪村率先在修水县建设大蚕棚、小蚕工厂、蚕茧收烘公司，有效打通了养蚕、制种、售茧的产业链，全村桑园面积从2008年零星分布的50亩扩大到2020年连片优质高产桑园800多亩，逐渐成为江西省重要的蚕种基地。黄溪年养蚕从最初每年4批次发展到每年16批次，小蚕工厂辐射修水县13个乡镇70多个行政村，从业人数达4000余人，产值达2000多万元，蚕桑产业为每户年均增收2万~3万元。

管理一个村就像管理一个企业，经济有实力，农民有收入，才能有更快的发展。在此基础上，徐万年提出了"农业产业化、土地园林化、耕作机械化、住房城镇化、农民工人化"的"五化"发展理念和"家家有资产、户户有股份、人人有就业、年年有分红"的"四有"发展目标。

## 01 奋斗典型

→ 徐万年（右）与村民一同劳作

"只有不断地尝试创新，才能跟上市场发展的节奏。"蚕桑产业壮大发展后，徐万年动员农户从自家"一亩三分地"中跳出来，推行"确权确股不确地"，全村耕地一次性流转，实现资源变资产、资金变股金、农民变股东。徐万年不断用他企业经营的眼光耕种着他的黄溪家园，经过几年的发展，黄溪村农户家庭承包的土地得到统一流转，建成"网格化"灌溉渠5000米，平整格田面积1600亩，田间机耕道全覆盖，为全面推行大户承包、规模种植奠定了基础。

由此，黄溪村形成了蚕桑、蔬菜、茶叶、花卉苗木、有机葡萄五大主导农业产业，先后建立蚕桑、蔬菜、茶叶、花卉苗木、有机葡萄、菊花六个专业生产合作社，采用"基地+股份+农户+公司"模式，全村发展无公害蔬菜200亩、花卉苗木300亩、茶叶500亩、有机葡萄60亩，年创收1800余万元。2019年，村民人均纯收入突破2万元。

黄溪村由曾经的贫困村变成产业大村、经济强村，徐万年功不可没。

## 轮椅上的"三色"人生

在这场轰轰烈烈的脱贫攻坚战中,涌现一大批身残志坚、艰苦奋斗、创造美好生活的典型。他们有的不向命运低头,敢于突破自我,通过提升就业技能致富;有的抢抓互联网时代机遇,靠着运营电商稳定增收;有的敢想敢试,克服困难带领残疾人创业,搏出了一片光明未来……

在萍乡市芦溪县新泉乡河坑村,有这样一位村民:他舍身救工友,导致下肢瘫痪,经历了人生的灰色时期;他不忘初心、牢记使命,创办"爱心小屋",把党的红光洒向更多的人,由接受帮助向帮助他人转变;他引领乡风文明,成为"文明劝导员",在提高村民文明意识的同时,帮助村民把绿色农产品推向外界。

他叫欧阳晖,他的事迹感人至深,激励了更多残疾人兄弟姐妹不等不靠、勇敢追梦。从他身上表现出的自强不息精神,是伟大的时代精神的真实写照。欧阳晖先后荣获"中国好人"荣誉称号、"2019年度江西省脱贫攻坚奖奋进奖"。他还受邀参加全国残疾人脱贫和助残扶贫先进事迹报告会,在全国助残日30周年座谈会上,欧阳晖作为全国自强脱贫典型代表,以《我的"三色"故事》为题讲述自己的经历,把爱心的种子,撒遍全国。

## 舍身救工友，引来社会关注

2008年，欧阳晖在上海一家器材公司上班。12月30日上午11时许，他和往常一样到仓库检查货物，工友们都正忙着搬运货物。突然，欧阳晖身旁的一个重达2吨的铝合金货架倒塌，在那危急时刻，他想都没来得及想，便双手推开了工友，自己却被货架砸到了腰椎，他立马晕了过去……

那位工友的脚被砸到造成骨折，而他却因脊椎神经受损、两节脊柱滑脱导致下肢瘫痪。"如果不是欧阳大哥舍身相救，我可能没命了。为了救我，他可能一生受到病痛的折磨，我不知如何报答，但愿他好人一生平安！"被救下的工友感激涕零道。

离家打工已经六年了，在上海住院治疗的3个多月，却是他一生中最痛苦、最漫长、最黑暗的日子。身上锥心一样的疼痛，让40岁的欧阳晖感到前路茫茫，不知活着还有什么奔头。欧阳晖强忍身体疼痛，告诉自己一定要坚强，但终归因为伤势过重，导致下肢瘫痪，再也无法用双脚正常行走。

致残后的欧阳晖，生活从此蒙上了一层阴影，曾一度生活在绝望和颓废中，情绪低落，只得依赖妻子罗桃香挑起家庭重任。妻子帮他翻身、喂水喂饭，鼓励他要挺住，却背地里偷偷抹泪。

屋漏偏逢连夜雨。父亲在得知欧阳晖瘫痪后备受打击，导致高血压的病情日益加重，在2009年因急性心肌梗死去世了。

2010年，他和妻子返回老家，那时两个小孩，大的13岁，小的才8岁，全家都指望着妻子。她一个人忙里忙外，干完农活又做家务，有点时间就去村里的竹筷加工作坊帮忙，一天挣二三十元钱来贴补家用。

好在两个孩子也好像都长大了一样。学校要开家长会，他们瞒着不说，因为想到妈妈如果出去，就得留爸爸一个人在家无依无靠。欧阳晖独守家中，心中充满了自卑、焦虑与绝望。

他的救人善举在上海和江西广为传颂，网友尊称他为"轮椅哥"。其间不断有人帮助欧阳晖。

2014年，当地党委、政府根据欧阳晖家庭困难情况，通过精准识别将其列入建档立卡贫困户，并帮助其享受了助残补贴、教育扶贫和产业扶贫等扶贫政策，入股了村里的金汉农业果园合作社，获得了河坑村屋顶太阳能光伏贫困户分红受益，全家人的健康也得到了保障……他们一家稳定实现了"两不愁、三保障"，全家生活有了改善。芦溪县残联不仅对欧阳晖家进行无障碍设施改造，还给他送去一辆电动三轮车，方便他出行。

看着乡村干部与帮扶干部都在为他家的事忙上忙下，于是，欧阳晖决定重新定位自己的人生，开始从精神上"站起来"，利用自己熟悉本土、人缘口碑好的优势，为乡亲们做一点力所能及又有意义的事，做一个对社会有用的人。

### 经营民宿，网销土特产

河坑村是"全国文明村"，又毗邻武功山风景名胜区。2017年，在驻村第一书记的引导和扶贫工作队的帮助下，全程无人化自助民宿旅游村项目在河坑村落地。当时，第一书记就建议欧阳晖家发展民宿。"新泉乡加快乡村振兴，鼓励旅游富民，乡村发展形势一片大好，只要抓住机遇，致富就是早晚的事。"欧阳晖开始有了新的思考，并暗下决心，一定要争口气，把民宿经营好。

同年7月，欧阳晖将自家修葺一新，把两个房间装上了智能二维码锁，游客只需一部手机即可实现订房、开门计费、扫码退房结账。欧阳晖夫妻通过参加培训，能自主操作 App 进行后台管理，大大节约了经营的人力、物力成本。

尝到了甜头，欧阳晖的积极性更高了。2018 年，他将民宿经营范围扩大，还聘请了 1 名贫困劳动力帮忙打理。他还开辟荒地种青菜、豆角等蔬菜，游客来了要吃什么都可以现摘。每年暑假是游客最多的时候，欧阳晖全家上阵，儿子为客人端茶倒水、带领他们扫码入住，妻子负责炒菜，他就帮忙烧火、备菜，给客人介绍周边景区。

除了提供客房和餐饮外，还通过线上线下两种方式售卖鸡、鸭、蛋、豆腐乳等农副产品。通过自身努力，欧阳晖一家获得了可观的收益，成功实现脱贫。在欧阳晖的示范带头下，村里还有 3 户残疾人家庭也利用自用住宅的空闲房间，经营物联网民宿，增加了家庭收入。

同年，思想活络的欧阳晖将目光瞄到了功能强大的微信朋友圈，他在网上通过微信朋友圈卖起了农副产品，豆腐乳、干辣椒、山药、盐果子、干笋等新泉乡"藏在闺中无人识"的土特产品。因为物美价廉，欧阳晖卖的农副产品成了"网红"，成了广受食客青睐的绿色食品，令他在网上的农副产品销售事业更是做得风生水起。

### 创办"爱心小屋"，热心帮助别人

熬过人生的至暗时刻，才有未来的美好生活。曾在村委会工作过 10 多年的欧阳晖，对村情民情相当熟悉。在河坑村"两委"的帮助下，他发起成立爱心基金协会和"好人驿站"。他建立爱心基金微信群，将该村有爱心的党员和在外务工的村民等组织起来，通过该微信群开展募捐。

大家你 10 元，我 20 元，他 100 元……聚少成多，连外村的村民都加入进来，截至 2020 年 5 月，爱心基金协会有 119 位会员，资助了 9 名贫困学生和 8 名重病村民。

在他的爱心小屋里，欧阳晖一边做着爱心基金协会的日常事务，一边为扶贫济困、助学、敬老爱老等活动忙碌着，他还利用"好人驿站"为乡亲们推介农特产品。

村民周桂南是欧阳晖的邻居，她的女儿小娜患有先天性髋关节发育不良，急需5万元手术费，她家苦苦筹集了3.5万元，还有1万多元的缺口。欧阳晖跑前忙后，在爱心小屋微信群发布消息，发动爱心基金协会会员奉献爱心，并第一时间送去了5000多元，解了周桂南的燃眉之急，周桂南对此感激不尽。

村民何秋华儿子小鹏，患有生殖器疾病，在2019年已经做了两次手术，在面临第三次手术时，这个本来就不宽裕的家庭陷入困境。得知这一情况后，欧阳晖与爱心基金会成员商量：决不能让这个家庭被疾病打倒，一家有难百家帮。当他在爱心基金群内募捐的倡议发出之后，村民们都积极响应，踊跃捐款，20元、30元、50元、100元……111人共计捐款9050元，用实际行动为这个不幸的家庭解了燃眉之急。

建档立卡贫困户刘冬生，因肺结核咯血，欧阳晖得知情况后，他发动爱心基金协会捐助1800元；村民欧阳东方在海南打工时，从二楼跌落导致脊柱骨折，他发动爱心基金会捐助2000元；2017年8月，曾桂泉患矽肺病，爱心基金会又捐助2000元……

2019年3月20日，江西省委书记刘奇在萍乡调研时，特意看望欧阳晖。刘奇书记鼓励他，脱贫攻坚就要有这股子劲，欧阳晖给大家树立了好榜样。这恳切的话语，让他十分振奋，再次点燃了他去创造幸福生活的激情。

欧阳晖担任"好人驿站"的残疾人专职委员，被聘为残疾人农家书屋管理员和康复协调员。他经常串东家走西家，了解和掌握村里残疾群众的基本情况，做好生活保障、就业、维权、文化等方面的咨询、服务

01 奋斗典型

→ 家喻户晓的励志榜样——欧阳晖

工作，并对他们的康复进展、生活需求进行一一登记。

如今，欧阳晖是村里的红人，现在村里但凡有点邻里间的鸡毛蒜皮、夫妻间的争吵拌嘴，大家都爱去他那里坐坐，听听他的意见。"老百姓的事就是我的事，乡亲们的幸福就是我的幸福。""人生就像是一种回声，你送出什么它就送回什么，你播种什么就收获什么，你付出了就一定会有收获。"金句频出的欧阳晖不断丰富"好人驿站"的内涵，他成了村里的"文明劝导员""调解员""政策宣讲员"。

这些年，欧阳晖的点点滴滴，乡亲们看在眼里，记在心里，也让大家明白爱心凝聚可以温暖更多的人。欧阳晖体验到从未有过的充实和快乐，内心充满了幸福感。正如欧阳晖的女儿对他的评价："爸爸虽然行动不便，但活得比一些健全人更有价值！精神世界也更丰富！"

## 驻村书记的三个"特色岗位"

苦尽甘来的那一天,山月星河都为你化作礼赞。

礼赞,这个与南昌县南新乡九联村结缘的第一书记,用三年的时光熟悉了九联村的春花、夏鸭、秋稻、冬菜,每一处都有他忙碌的身影,跑企业、走单位,竭尽全力把村里的产品销售出去,有成功也有失败,每一个印迹都是一段难忘的回忆。

礼赞,这个南昌县农业农村局畜牧兽医局副局长,本可以坐享办公室空调,他却愿意放下身段,捎上自家的车,担任村民的"送货员",把农产品从九联村送入南昌社区、企业。

礼赞,这个共产党员,面对疫情、灾情的考验,他积极主动作为,勇于担当;发扬共产党员吃苦耐劳、艰苦奋斗的作风,舍小家顾大家,在疫情防控阻击战中冲锋在前。可谓越到危难时刻,越显责任担当;越遇艰难险阻,越显党员初心。

这个集"推销员""送货员""指导员"于一身的人,就是应文伟,他以难得的勇气、不同的身份,丰富着他的"三面人生"。同时,他也给800余人的村庄注入催化剂,让昔日的"空壳村""落后村"成为远近闻名的"小康村""带头村"。

## 他是敢闯敢干的"推销员"

再过几个月就要离开九联村了,应文伟经常站在村部二楼望着九联路,看着纵横交错的水田,想着朝夕相处的"战友"和村民,他既高兴又纠结。

回想2018年10月,他被选派到九联村担任第一书记。九联村毗邻鄱阳湖,下辖4个村小组、7个自然村,全村176户836人。

临近鄱阳湖,常年遭遇洪灾,有时甚至颗粒无收,半数以上的村民全凭外出务工谋生,留在村里的村民主要的收入来源是种水稻、养鸭等。村级集体经济更是"一贫如洗",直到2017年村里的光伏电站并网发电,九联村才有每年1.3万元的收入。

如何提高群众的收入,改变贫困的面貌呢?应文伟带着问题做调查,绕着这个村子转了一圈又一圈。起初,应文伟想从农机入手,与村干部协商后,得知南新乡已经有不少成规模的农机服务机构,而且村里的交通不方便,通过发展农机合作社来增强村里产业这条路阻力大,而且见效慢。

2018年深秋,养鸭户杨少春找到应文伟,称鸭蛋行情不好,每公斤只能卖8.6元,连10元的成本价都不到,问村里能不能帮忙找销路。应文伟听后,立即对村里养鸭户进行调查,发现村里的鸭子都是散养在农田里的,鸭蛋个大且品相很好,适合大规模投放市场。最关键的是销路,如果能打通这一难点,不失为九联村村民的一条致富之路。

说干就干!在应文伟的推动下,占地1100平方米的九联村扶贫车间快速落成,这是一个集农副产品生产、再加工、包装于一体的综合性车间。同时,九联村还开设了自己的电商平台,可寻找主播成了村民的一大难题。

## 逐 梦

年轻人都出去了，老年人都不懂，应文伟被"赶鸭子上架"。第一次直播让他大汗淋漓，村民却没有一个上前笑话他，他们知道这小伙为村里的发展，太拼了。

胆大心细的应文伟仔细研究抖音短视频，发现农村软事能带来流量，于是他从杨少春养鸭趣事入手：如何区分公鸭母鸭？如何轻松放养上千只鸭子？……一个个小故事既有乡土气息，又颇有趣味，网民开始认识这个五大三粗的"男一号"，时间一长，杨少春竟然成了"网红"，视频里原生态的生活吸引着城里的市民，也获得了奇效，吸引了很多粉丝，由于物美价廉，杨少春家里的鸭蛋以每公斤12元的价格销售一空。这次成功的尝试，不仅找到了销路，还帮杨少春增收了2万多元。

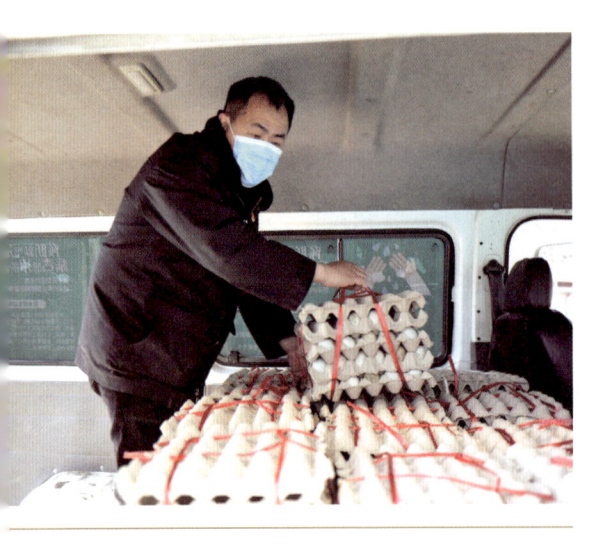

↑ 应文伟为村民销售鸭蛋

初尝胜果，九联村注册了"九联圩"商标，以"一领办三参与"的模式成立了南新宏鹰综合种养专业合作社（以下简称"宏鹰合作社"）。有了平台，全村的鸭蛋产量一下增加许多，可销售仍是难题。

为了销售"业绩"，九联村驻村工作队全体"下海"，有的担任市场推广员，有的是系统维护员，有的是销售操作员。"推销员"背后的辛酸没有人比他更清楚，2018年冬天，他经常捎上几个馒头，开着车走街串巷，"厚着脸皮"找熟悉的朋友和同事帮忙。有支持的，也有敷衍的，他都认真对待。有时为了说服一家企业订购村里的鸭蛋，他接连一个星期带着样品让对方品尝。

功夫不负有心人，鸭蛋的品质和销售诚意打动了客户。一个个订单

"飞"向九联村，至2019年10月，九联村农产品销售额达到56万元，实现利润15万元。红火的销售业绩，让周边的村民"羡慕"，他们纷纷申请向九联村"火车头"靠近，21个养鸭大户"嫁入"宏鹰合作社。

### 他是一心为民的"送货员"

2019年9月，南新乡党委书记龚芦花找应文伟谈话，希望应文伟留下来，再继续干一届第一书记，并交给应文伟一封信。

应文伟打开信封一看，是九联村"两委"向乡党委申请应文伟留任第一书记的联名信。看着信尾村"两委"、村组干部和村民代表的签名，已经开始收拾行囊的应文伟流下了感动的泪水。在书记和村民的挽留下，应文伟同意继续担任九联村第一书记。

而这一留，就让村民在新冠肺炎疫情其间减少了损失，也造就了九联村集体经济跨越式发展的大好局面。

很难想象，应文伟曾经成功横渡琼州海峡。"没有这板子好身体，'送货员'这个职业是扛不下来的。"他半开玩笑地说。

九联村电商平台上线后，合作社的菜籽油、鸭蛋、大米等商品销售量大增，如何把货物送给客户成了村里的另一个难题。

应文伟迎难而上，他拿出自己的车，贴上扶贫贴纸，卸掉后排座椅，将其改造成九联电商平台的"专用车"。应文伟从第一书记变身"送货员"，并着那辆贴满农副产品广告的扶贫车穿梭在南昌的街头巷尾。

送货其实是一方面，有时还要搬、挑，甚至为了能按时送到，应文伟还得凌晨起床。每逢鸭蛋销售的高峰期，他为了节约成本，经常独自一人吃快餐、啃馒头。

"送货员"有如此动力，源自应文伟的期望：他想壮大村集体经济，想给村里老人定期发慰问金，想将村干道铺上沥青……

## 逐 梦

正当九联村农副产品销路逐渐打开之时，2020年，突如其来的疫情打破了这一切。疫情防控期间，餐馆、酒店、单位食堂基本都关闭了，在销售渠道基本封死的情况下，村民一度惊慌失措，应文伟也愁眉不展。

他把自己锁在办公室里，苦思冥想。他意识到市民在家也需要基本的农产品，于是他在微信朋友圈推出套餐：买100个鸭蛋，送10斤新鲜蔬菜，提供送货上门服务。新套餐一经发出就得到亲朋好友的点赞和转发，不到一天的时间，他就收到了6000枚鸭蛋的订单，这个举措解决了农副产品滞销问题。

订单是有了，疫情防控期间送货却再次成了一道难题。关键时刻，应文伟再次站了出来，他开着挂有"九联村防疫宣传车"标语的车在南昌市各小区间穿梭，每天一早出发，到晚上才能回到村里，连续46天未回过自己的家。

↑ 应文伟通过电商平台宣传乡村农副产品

其间，女儿和老婆都生病了，妻女俩躺在床上给应文伟打电话。他却忙着送货，根本没有时间回家。挂了电话后，这个大汉一边开着车一边默默地流下眼泪，在旁边的同事，无不心疼。

### 他是临危不乱的"指挥员"

2020年，大雨！暴雨！大暴雨！南昌县接连遭遇多轮持续强降雨侵袭，南新乡先后出现内涝、漫堤、渗漏等险情，防汛形势异常严峻。

汛情就是命令，应文伟闻令而行。"应书记，请您尽快回乡参加防汛紧急部署会。"接到全乡防汛指令，应文伟连夜赶回乡里投入防汛抗洪的紧张战斗中。这里防浪布不够，那里鹅卵石缺乏，应文伟跑前忙后，调度应急物资。

其间，他接到家里的电话，称家里的鱼塘就要被洪水吞没了，请他尽快回家支援。应文伟无法做出"临阵脱逃"的举动，他义无反顾地带领驻村工作队和村"两委"干部、村小组长坚守在抗洪抢险的前线，无论是清障除杂、巡堤查险，还是物资储备、道路疏通，他都尽心尽力，他说："党旗扎在哪里，我就守在哪里。"那时，他默默承受着鱼塘被毁的巨大损失，九联村其他党员干部无一知晓。

2020年7月11日晚，暴雨如注。应文伟接到电话，称楼前水位达到23.21米，已超历史最高水位0.55米，随时存在倒灌漫堤的危险，请他火速前往支援。应文伟带着150余名突击队员火线驰援，经过数小时奋战，突击队员在险情处筑起了一条长500余米，高1米多的临时堤坝，及时控制住了洪水。

第二天，接上级指令，应文伟再次带领突击队员对临时堤坝进行加固，险情重点区域堤坝加高至1.5米以上，为完成紧急任务，他们持续鏖战，两夜没睡的应文伟也不堪重负，瘫坐在地，靠在大树下就睡着了。

如果说抢险是与洪水博弈,那么为村民抢收粮食,那是守住脱贫成果,保住致富希望。应文伟在抗洪一线接到村民电话,焦急地说他们的稻谷还在田里,没来得及抢收。"这该如何是好?"应文伟紧锁眉头,绞尽脑汁,多方联系农机公司,调配收割机。机器来了,而人手不足,应文伟二话不说,自己开着拖拉机帮助抢收。仅两三天,九联村70%的稻田已完成收割,成功将自然灾害给村民带来的损失降到了最低。

一枚党徽一份责任,艰难险阻挺身而出。一名党员一面旗帜,关键时刻舍我其谁。应文伟就是这样,用行动诠释初主使命。

# 02

## 贡献典型

# 高田村的"百分百书记"

舞台上,他精益求精,以洋洋盈耳的作品成为国家一级演员;在宁都县黄陂镇高田村,他从大学教授变身成为扶贫"专家",以严谨治学的态度,因地制宜发展了"238工程"养殖、"260工程"种植,建设了一批高田村级集体经济产业,还教出了一批又一批脱贫"高徒"。他就是江西警察学院驻宁都县黄陂镇高田村第一书记曾昭优。

高田村从晴天一身土、雨天一身泥的"十三五"省级贫困村,升级成人畅其行、货畅其流的先进村。崭新的幼儿园、进组入户的柏油路、水波粼粼的鱼塘、漫山遍野的脐橙树……村民口袋越来越鼓,笑容越来越多,房子越来越敞亮。

截至2020年底,高田村不仅整体退出贫困村,而且脱贫家庭年人均纯收入可达13826.6元,163户脱贫户,户户有产业,652名脱贫人口,人人有工作,高田村小学和幼儿园日臻完善,实现"产业、就业、就学"百分百全覆盖。

## 山路旧貌换新颜

群山沃野,松声如涛,沿着蜿蜒起伏的盘山公路,从宁都县城驱车

40多分钟来到高田村。这条扶贫山路穿越大山,连接阡陌,托起村民的致富梦。

村里的自然村(组)沿着高田河依次排开,草窟里、千公山、湖背、朱源、坳家前……看着这些村组名称,就能感受到这里的曾经——千沟万壑路难行。

要脱贫致富,当务之急就是破除高田河的阻隔。

2015年8月,曾昭优刚踏入高田村,就向江西警察学院申请60万元资金建设高田河大桥。为了让有限的资金发挥更大的价值,他找学生、求朋友,以大大低于市场的价格请桥梁设计单位、项目监理人等。"我什么事都精打细算,因为村里底子差,要用钱的地方太多了。"曾昭优皱紧眉头说。

高田村是由4个行政村合并而成的山村,村委会地址距离县城75公里。听村民说,从高田河大桥经安福乡坳迳村去县城要比原来少一半的

↓ 曾昭优(左)查看鱼塘

路程，为了打通高田村到坎迳村3公里的捷径，曾昭优天天守在工地上，日日督促工程进度和质量。2017年12月，这条路通了，村民称之为"致富路"。

乌寨自然村是海拔800多米的云端之村，有毛竹4700亩、粮田830亩，110户中有42户易地扶贫搬迁至黄陂镇，仍有部分村民居住在原址，他们也希望能有进村入组的路。曾昭优再次向上级部门求援，凑够了190万元打通了乌寨公路。

当高田村进入环境整治的关键时期，村里3万多平方米的危旧空心房急需拆除，村里39户老人仍旧住在老旧危房里。拆除，他们没房屋可住；不拆除，老旧危房存在安全隐患。这是个难啃的"硬骨头"。为了解决这些难题，曾昭优一边厚着脸皮向自己单位争取了25万元资金，帮助农户维修住房；另一边千方百计说通老人们的儿女，把老人接过去同住。针对不愿接父母同住的儿女，曾昭优上门讲道理，一回不行，就两回、三回……他还编写《十月怀胎歌》，用通俗易懂的歌谣，把孝老爱亲的观念唱进村民心坎里。

曾昭优的努力没有白费，高田村老人的住房问题彻底得到了解决，并且村里无一栋危旧房。在历年洪涝期间，高田村年年安全度汛。每当聊到曾昭优，村里的老人会都会竖起大拇指称赞他是高田人民的"好儿子"。

### 户户有产业，人人有就业

以前，有客人来访，村民只能拿茶水招待；现在，客人上门，家家户户不仅热情地拿出茶水，还在茶几上摆放脐橙、橘柚等果盘。"我们自己家里种的，你快来尝尝。"脱贫户刘石秀笑意盈盈。

"以前守着自己的一亩三分地，靠着种稻子和打零工，勉强能够维持生计，要想脱贫十分困难。"刘石秀回忆道。

刘石秀家的脐橙果园得益于曾昭优对高田村产业的前期谋划。为了让建档立卡贫困户实现稳定脱贫，曾昭优用了两个月的时间，走遍了高田村1428户村民，做调研、找措施，根据本村条件和贫困户实际，因户实施了产业扶贫的"238工程"（养殖2头猪、38只鸡）和"260工程"（种植2亩白莲、60棵脐橙树）。

由江西警察学院为村民提供免费的幼崽、种苗，聘请专业技术人员教村民种养技术。曾垂荣等24户贫困户纷纷领取种苗和幼崽，有的从事经济作物种植，有的守在家里从事养殖。同时，为了增加特困户的收益，曾昭优利用警察学院提供的帮扶资金，兴建了村集体莲子种植基地、泥鳅养殖基地，从每年产生的效益中拿出百分之五十作为补贴分给24户特困户。

每年春节、中秋节等传统节日，警察学院工会以当地市场价收购当地的农副产品，作为福利发给教职员工。除此之外，曾昭优还为村里搭建了农产品销售部、电商平台，村民可以直接在线销售土特产；他还把村里的土特产信息发到学校工作群，让同事朋友帮忙销售。

没有成本，还不愁销路，当地老百姓看到了希望，尝到了甜头。这有效调动了村民发展产业的积极性，村民自主发展产业的意愿也越来越强，全村种植白莲1020亩、脐橙420余亩、竹荪60亩，养殖三黄鸡1万余羽，养牛330余头。

曾昭优还为高田村谋划了村级集体经济，其中有7亩水产养殖、15亩大棚蔬菜基地、300千瓦时光伏发电，2020年高田村村级集体经济收入达25万元。

截至2020年底，高田村169户建档立卡贫困户，户户有产业，全村脱贫户通过产业增收连续三年户均收入超1.5万元。

↑ 曾昭优主持修建的高田河大桥

### 让幼儿园小学阶段孩子就近上学

"曾书记，高田村这几年路修好了，产业也有了，我最后的愿望就是希望村里有所幼儿园，让孩子们能就近就地上学。"2018年，90多岁的高田村村民理事会理事长向曾昭优透露心声。

曾昭优听在耳里记在心里，他日思夜想："如何'化缘'这些资金呢？"

摸清情况后，他决定从易到难。2016年，曾昭优向县财政争取到了59万元，新建了8套教师宿舍，并加固了小学围墙。

2017年，他再次向江西警察学院申请资金34.9万元，为高田小学购买课桌椅和图书，建设电子阅览室，在每个教室内安装电风扇。

高田小学迎来近些年前所未有的发展：学校从原来的5名老师286个学生发展到2020年的11名老师300多个学生，没有一个学生因贫辍学。

曾昭优还与村"两委"商量，每年从村级集体经济收入中拿出部分资金资助贫困家庭大学生。

与此同时，曾昭优还向中国烟草总公司江西省公司争取200万元资金建设高田村幼儿园。2020年6月，在幼儿园奠基之际，受邀来到现场的人无不向曾昭优竖起大拇指。有人说："曾书记，有生之年能看到这一幕，是我们高田人的福气。"

如今，多姿多彩的幼儿园坐落在高田村的山岗上，静静等待着第一批幼儿来临。

### 最为亏欠的是家人

自2015年8月踏入高田村以来，曾昭优情洒高田的山山水水、组组户户。"做工作一定要说一不二，答应了老百姓的事情就一定要做到，不能失信于老百姓，更不能欺骗老百姓。"曾昭优是这样说的，也是这样做的。

家成了他的"旅馆"。2016年，正在贫困户家中走访的曾昭优，得知妻子意外流产，匆忙赶回南昌，在家只待了两天，安顿好妻子后，曾昭优放心不下村里的扶贫工作，又心急如焚地赶回高田村。

2018年，他在家只待了9天。一次是中秋节，他请假照看怀孕的妻子，3天后，他又急急忙忙赶回了高田村，妻子张彩丽看着丈夫离开的身影眼含泪水："现在一年到头，我和女儿都难见到他几面，这是他选择的事业，我没有什么可埋怨的，只能默默支持他。"另外6天，则是为了照顾刚生产完的妻子，还没休满陪产假，他就因村里的紧急情况，又匆匆返回驻地。

当高田村迎来整村脱贫的攻坚时期，深知这是一场硬战的曾昭优像打了鸡血一样，踏破十多双鞋。那年夏天，酷暑难耐，曾昭优几个月没有回过家，他把所有精力都投入到空心房整治工作中去了，衬衫袖子破了也直接穿，由于一直没时间去购买新的，于是他把两件长袖衬衫剪掉袖子，自己动手改成了短袖继续穿。

2020年，新冠肺炎疫情突发，在南昌的曾昭优匆匆赶回高田村，投身到疫情防控第一线。他每天带领村干部走村串户、清查摸排、宣传防疫知识，可由于天寒地冻，加上多次淋雨，曾昭优冻得胃病犯了。因胃疼不止，他需要连续治疗四五天，每次刚在诊所打完点滴，他便急忙赶到路口做防控工作。其他干部见状，多次劝说："曾书记，你身体不舒服，就去休息两天吧。"他妻子得知情况后，也多次打电话"命令"曾昭优休息，每次回忆至此，他都长吁短叹地说："有如此爱人，怎能不干出一番事业。"

## 他乡亦故乡，乡亲是亲人

来过寻乌县晨光镇的人都知道，这里有沁人心脾的脐橙花，有郁郁葱葱的百香果，还有笑容可掬的高布村人……其中最令人难忘的，还属第一书记吉志雄。

2016年至2020年，他三次主动留任，带领高布村及村民脱贫致富；他指导原软弱涣散的高布村党支部变身连续5年荣获先进的党支部，村级集体经济收入从0元增至45万元；他协调对接5家帮扶国企，争取资金9000余万元，打造寻乌现代农业示范园、供销e家电商平台等5个服务"三农"的产业项目，销售本地农产品2000万公斤。新冠肺炎疫情发生后，他千里逆行，运防控物资、驻村值日。在任期间，他通过驻村公司和高布村党支部"双轮"驱动，以志愿活动、社会培训等方式发现本土有为青年和大学生，培养他们成长为产业致富带头人，打造了一支"不走的扶贫工作队"。

但行好事，莫问前程。吉志雄用行动践行了驻村干部的担当和使命，他见证了贫困村脱胎换骨，更帮助许多困难群众走上小康之路。他的事迹也得到了社会各界的好评，他先后被评为"江西'最美扶贫干部'""'中国好人榜'敬业奉献好人""全国供销系统学习的先进典型""全国脱贫攻坚先进个人"。

三次留任，一心为民

2016年1月，吉志雄独自背着行囊南下，告别怀胎三个月的妻子和5岁的女儿，离开那个需要依靠他的家，来到千里之外的高布村。在这里，他没有可以依靠的人，激励他的只有妻子临别前的嘱托："好好干吧，一定要把老区建设好。"

这是什么样的山村呢？破旧的土坯房、山多路小、产业单一，是多年的"空壳村"。听说有从北京来的第一书记，部分村干部上来就给吉志雄一个下马威，向他提出辞职。

拥有17年军旅生涯和九八抗洪经历的吉志雄，见过大风大浪，他心知肚明，这是村干部的心理战。再看看高布村，465户1725人，其中建档立卡贫困户多达104户383人，贫困发生率高达22%。

村民富不富，关键看支部，村子强不强，要看领头羊。吉志雄先后听取29名党员建议，从年长者开始，逐一谈话。听到实情后，他长叹一口气，心想：村里太穷了，导致干部眼界太窄，凝聚力不强，而村里的宗族势力又太强了。

← 吉志雄（右一）带大学生志愿者服务队进村

吉志雄一有机会就组织党员干部参观学习，跨县看支部，县内看产业。"人家为什么可以？""他们怎么做一个项目就成一个？"每外出学习一次，吉志雄都有一次灵魂拷问，他直击要害说痛处，摆事实理清思路，原本不和谐的党群关系、干群关系、同事关系在他的努力下悄然改变。

曾因扶贫工作不力受到问责、威信不高的支部书记，在换届时高票连任；曾因共事关系紧张、多次提出辞职的村委会主任被评为县优秀村委会主任；曾不配合支部工作的3位老党员转而以身作则地支持"两委"工作，赢得村民好评，村党支部再次成为村民脱贫致富的"主心骨"。

2017年1月，原定派驻任期已到，看着刚搭建好的党支部，吉志雄日思夜想，扪心自问："高布村还没退出贫困村，我能走吗？"最终，他留下来与村干部一起战斗。

2018年12月，高布村退出贫困村，返回原单位的机会之门又一次向他打开，但他没有想太多，坚决留下——高布村还有许多贫困户没有脱贫。

2019年12月，高布村贫困户已全部脱贫，实现了当初目标的他决定回单位，与分离数年的妻儿团聚。然而，一场突如其来的新冠肺炎疫情，让吉志雄再一次选择留下与村民并肩作战。他说2020年，他要与乡亲们携手奔小康。

三次留任，持续耕耘。吉志雄按照长期与短期相结合、种植与养殖相结合、示范带动与分散种植相结合的原则，为每户贫困户订制了一亩百香果、两亩脐橙苗、五千瓦光伏的产业项目。

他先后对接了5家国企来帮扶，为村、乡、县三级共争取项目资金9000余万元，打造了寻乌现代农业示范园等5个服务三农项目，基地采取"公司+村集体+合作社+基地+农户"模式，让农户与企业形成利益共同体，推动贫困群众资源变资产，使贫困户生产得现金、务工挣薪金、入股分股金、土地流转获租金。

如今，高布村面貌焕然一新：基础设施上通了村公路和入户水泥路；村里有了百香果、猕猴桃、鹰嘴桃、脐橙种植和鸡鸭养殖等产业。截至2020年底，高布村引入项目资金累计超过3500万元，贫困户人均年收入从2800元增加到9000余元。

### 千里单骑运送防疫物资

2020年1月27日，扶贫任期已到，准备节后结束任职的吉志雄，正在全国供销合作总社值班。他从新闻上看到南方有新冠肺炎疫情暴发，后来武汉告急，湖北及周边省份告急，他心心念念的红土地，形势非常严峻。

值完班回到家后，他再次向妻子说出自己的想法，放弃在家过元宵节的计划，准备驰援高布村。彼时，他还得到更坏的消息，高布村有4位从武汉回来的乡亲正在隔离观察，而且村里的防疫物资奇缺。

吉志雄赶紧联系单位并协调防疫物资，全国供销总社决定由吉志雄给寻乌县运输一批防疫物资。2月2日凌晨，北京下着大雪，他推着物资转车，转机，再转车，从北京到寻乌距离长达2000多公里，从黎明到夜晚，路途辗转，一波多折，各处信息填报和防疫监测检测让他应接不暇，因天气原因导致航班延误的信息让他焦虑不安。当吉志雄来到寻乌的消息传开后，村民们惊呆了，亲切地称他为"寻乌县最快的防疫物资邮递员"。

在隔离期间，吉志雄通过电话、短信、微信，协助做好村民防疫思想工作，有时电话联系到深夜，有时做一次思想工作长达3小时。日复一日，叮嘱村民守好防疫战线。

**02　贡献典型**

↑ 吉志雄（中）与大学生探讨百香果产业发展

隔离结束当天，他成立防疫突击队，带头通宵值守卡点。第二天，他又通过组织农业技术微信直播培训等方式推动春耕复种，指导驻村企业复工复产，2月，驻村企业复工人员达到90%。

当防疫影响村民生活时，他带着驻村企业开展慰问，为每户发放蔬菜和消毒套装，仅一个下午就发放了2000公斤新鲜蔬菜和300套消毒套装。同时，他又变身"网红书记"，为村里农产品开展直播活动，线上销售积压农产品超过2.5万公斤。

2020年2月13日，当他看到武汉确诊患者反弹至万人后，他通过红十字会向武汉捐款6600元。当得知防疫期间血站用血极度紧张时，他再次带头无偿献血。

## 逐 梦

当回顾这些事情时,吉志雄深情地说:"这里是我的第二个故乡,经过这一次疫情,看来我还不能走,我要和高布人民一起奔向小康!"

### 驻村就要"驻进"村民的心坎里

"爸爸,你什么时候回来呀!我和妈妈、弟弟好想你。"每当吉志雄接完10岁女儿燕燕的微信视频后,他总喜欢一个人走走,眺望远山。

这些年,吉志雄妻子为支持他安心把扶贫事业进行到底,辞职了两年将小儿子带大至上幼儿园。从未长时间陪护两个孩子的吉志雄,把高布村的孩子们当成自己的孩子。

高布村小学危旧旱厕漏雨,他联系中合联投资有限公司把孩子们的绘画作品做成台历来义卖,用筹集的4万余元新建了干净明亮的水冲式厕所;每逢"六一",他不是组织儿童晚会,就是慰问看望小学和幼儿

↑ 吉志雄(右一)与回村建设家乡的大学生在一起

园的小朋友；每逢开学他都要参加村小学和乡镇中学的开学典礼并致辞鼓励，他安排村校共建为镇里的晨光中学设立了以鼓励贫困师生为主的"优教优学"基金。

2016年，建档立卡贫困户严红招的两个女儿均因家庭贫困面临辍学。吉志雄与驻村工作队了解情况后，为严红招跑前忙后找工作，他自己带头对严红招女儿就学进行捐资助学。2019年，严红招家不仅顺利脱贫，两个女儿也分别考上了江西师范大学和天津师范大学。

严传娣是吉志雄的结对帮扶对象，儿子残疾，孙女也因营养不良患上佝偻症。让吉志雄欣慰的是，他们一家脱贫的愿望十分强烈。为此，吉志雄不仅给严传娣家免费送去了30只鸡苗，帮助她儿子办起了养鸡场，还经常为她孙子买玩具，送她营养品，帮助她家走上了脱贫致富路。

一场车祸，让刘月明的母亲致残，儿子骨折。在无钱治疗的关头，吉志雄及时帮助他启动了民政救济。"为了帮助我家脱贫，吉书记除了中秋节前来看望、慰问，还免费为我家送来了30只鸡苗，安装了光伏发电设备。现在，我家每个月都有了200多元的发电收入。"说起吉志雄的帮扶，刘月明的妻子林小燕内心充满了感激。

帮着帮着，吉志雄发现高布村要发展，必须要有新鲜血液。

吉志雄在村里陆续建立了全村村务微信群、高布村大学生交流群、大学生志愿者服务队等，组织大学生座谈会、大学生暑期扶贫实践、大学生直播家乡扶贫产业等系列活动，吸引了40多名大学生参加。

2020年从江西师范大学毕业的刘春，曾多次参加高布村大学生暑期扶贫实践，在驻村公司担任财务助理，制作会计凭证，同时参与进村入户的扶贫宣传。刘春说："从被扶贫到扶贫，除了发现自己的价值，更多的是敬畏，我珍惜这样的锻炼机会。"

2018年从赣州师范高等专科学校毕业的刘长城，通过考试成为高布村扶贫专干，经过数年农产品销售、策划、管理的历练后，成长为驻村公司独当一面的经营能手。他说："我家是脱贫户，以前得到许许多多的帮助，现在我要通过发展产业帮助其他贫困户。"

高布村坎上组的刘日伟从广州医药学院毕业后，被吉志雄邀请加入扶贫工作队，成长为产业致富带头人。2020年3月，他向驻村公司租赁14亩果蔬大棚，聘请十多个贫困劳动力种植哈密瓜。5万多公斤哈密瓜瓜熟蒂落，驻村公司迅速帮他对接深圳消费扶贫中心、赣州中农批市场。刘日伟说："'金扁担'需要年轻人，更需要懂经营会管理的大学生。"

如今，在吉志雄的呵护下，高布村还培育了十多名大学生和青年致富能手、扶贫专干，他们正在成为当地脱贫攻坚的生力军，也将成为未来乡村振兴的逐梦人。

## 爱洒上犹的特教校长

轻柔的呼唤,温暖的目光,会心的微笑,赞许的点头……在上犹县特殊教育学校里,脑瘫学生虽然无法与常人一样自由行动,但能触摸跳动的音符;听障学生虽然听不见美妙的旋律,但可以激情舞蹈。

入脑入心的特殊教育让孩子们学会欣赏孤独、走出迷茫、摒弃自闭,这里的校长蒙芳也就成了他们眼里的"妈妈"。这里最不缺的就是耐心:学生听不见,一句"妈妈"需要口对口教数百遍;学生看不见,独立行走需要手把手领着练习几年。孩子们拔节生长,珍惜共同成长的友情,彼此鼓励,勇敢迈向未来的路。

苔花如米小,也学牡丹开。这些年来,蒙芳把特殊的爱献给特殊的孩子,让他们走出自闭的"囚笼",学会做人做事;许多家庭因此减轻了负担,走出贫困的"泥潭",同步迈入小康。

一双双隐形的翅膀在振翅高飞,一个个曾经孤独的灵魂"涅槃重生"。她的故事传遍大江南北,且荣获"全国巾帼建功标兵""全国脱贫攻坚先进个人""江西省师德先进个人""江西省中小学骨干教师""江西省特殊教育先进个人"等荣誉称号。

逐 梦

↑ 蒙芳老师（左三）带着学生参加学生作品展

从零开始　随心而动

2013年初，受组织信任，蒙芳被委以重任，筹建上犹县特殊教育学校。脱离普教岗那一刻，她深感千斤重担压肩。那年6月，她独自乘车前往安远县特殊教育学校参观学习，了解学校筹办相关事宜；7月，她辗转南康区特殊教育学校体验特校生活；8月，她赶赴赣县区特殊教育学校"求取真经"……结合外出学习培训所取的经验，蒙芳制定出了学校发展规划。

同年9月，上犹县特殊教育学校正式开学招生，上犹的特殊儿童终

## 02 贡献典型

于有了自己的学校。可是,刚起步也意味着缺资金、缺设备、缺人才。如何改善学校办学条件,让残疾儿童有良好学习环境?如何提升学校影响力,办成"高品位、精内涵、强特色"的特殊教育示范校?

蒙芳一路疾行一路奋斗,每一次外出学习都是一次洗礼。对于特殊儿童来说,医学的终点就是教育的起点;对于社会来说,尊重特殊儿童的教育权利是社会文明的试金石。

当学校缺乏资金建设校园和绿化时,蒙芳带领教职工一镐一锄,将黄土变成绿地,校园里的那些花花草草都浸润着他们的汗水;当校园文化建设一片空白时,她发动教师一刀一剪、一笔一画,把冰冷的墙体变成有趣的画板,让学校成为温暖孩子的家。

由于特殊孩子的缺陷,需要更多环境和设备启发他们的未知灵感。

缺资金,蒙芳就一次次走进企业、单位、商铺,用心用情推广特教学校、特教学生和特教梦想。2014年5月,她用半个多月时间跑了100多家企事业单位,成功举办"爱心汇聚、扶残助学"助残日文艺晚会,募集到善款8万多元。

还是缺资金,蒙芳在上犹发起助残日公益演出和学生作品义卖活动,引来大批爱心人士,成立"犹江有爱无障"爱心家园,争取捐资捐物达160多万元。她用这些钱为学生添置床上用品,建起了学校文化长廊、电子显示屏、糕点工作坊、职业培训室、录播教室等设施设备。小小特教学校,五脏俱全,学校已经可以满足特殊学生教育教学、特长发展、康复训练、职业培训等需求。

"让每一个生命绽放光彩!"这是

↑ 蒙芳老师(右)给学生上晨点课

·087·

逐 梦

↑ 蒙芳老师给学生上课

蒙芳当初许下的诺言，也成了学校的办学宗旨。蒙芳作为校长，不仅自身业务水平过硬，还与其他成员组成学习小组，共同成长。

在教学上，蒙芳从不落下一堂公开课、一次教研活动，每次教研活动都亲力亲为，对年轻教师从不指责，而是耐心地指导，用自己的行动去感染他们、引导他们。

青年教师小慧刚到学校，蒙芳就手把手地教她如何上好公开课，从内容设计到语言雕琢，她们一起研究制作课件，反复听课、试课。蒙芳一丝不苟、循循善诱，小慧老师很快成长起来，成为学校的教学骨干。

学校良好的教研氛围，激励着每一位年轻教师，学校一批青年教师迅速成长，不少教师获得了上犹县优质课比赛一、二等奖，一批年轻教师还走上了领导岗位，蒙芳也先后获评江西省"师德先进个人""中小学语文学科骨干教师""赣州市五一巾帼标兵"荣誉称号。

积沙成塔，集腋成裘。近年来，上犹特殊教育学校办学成果丰硕，特殊教育已成为上犹民生幸福工程的一部分。学校先后被江西省残疾人联合会设为"残疾人自强健身示范点",被中国关心下一代工作委员会评为"全国重点特色实验学校",获评"全国名校教研联盟示范校"……

### 扶贫济困　与爱同行

由于经济困难、家长认知不够等原因,许多农村残疾儿童错过了最佳的康复期,这让蒙芳痛在心里,她决心要干一件事:要让社会了解特殊教育,让社会关注特殊儿童。

2014年,在上犹县教育局的指导帮助下,学校启动了"爱与责任的延续"工程,蒙芳带着教员分成八个小组,他们带着爱与责任进村入户,进行了为期6年共计4800多人次的送教上门活动。

小凡因为出生时缺氧,造成脑瘫,无法保持站姿和坐姿,只能终日卧床,四肢也严重退化。在送教活动中,蒙芳了解到小凡家是建档立卡贫困户,她便与同事们定期为小凡送去牛奶、水果、学习用具等物资,每个月定期指导孩子进行康复训练和认知训练,直至新的希望出现。

在走访中,蒙芳发现许多贫困家庭是因残致贫,要阻断贫困代际传递,首先要从家长入手。于是,她带领教师开展了上犹县重度残疾儿童少年摸底调查,传播特殊教育理念,让更多的家长走近、了解特殊教育。

2014年9月,她开办了上犹县第一个智力残疾幼儿康复部,累计为全县60多名0至7岁智力残疾儿童免费提供早期康复治疗教育,减轻贫困家庭负担,为精准扶贫助力。

黄埠镇有一个因残致贫的家庭,5岁的朱某雯患有自闭症,4岁的朱某隽身患脑瘫。姐弟俩在广东的医院和机构进行康复治疗,爷爷奶奶租房陪同,花费近80万元。2018年,姐弟俩来到上犹县特殊学校接受免费幼儿康复训练,一年后,朱某隽可以独自坐立了,朱某雯也能进教室学习了,他们家人欣喜万分,由衷地感谢特殊学校带来的帮助和改变,他

逐 梦

↑ 蒙芳老师给九年级学生上生活适应课

们的父母终于也可以安心外出务工。

上犹县寺下镇的聋哑生海燕，因小时候感冒高烧不退，导致耳朵失聪。在学校随班就读时，成绩落后，又有沟通障碍，使她失去自信，越发没有朋友，情感天空一片灰色。她对家人说："我不想上学了！"可当她来到特殊学校后，变得活泼开朗，积极参加各类活动，还学了不少技能。那个内向忧郁、孤僻厌学的海燕从此消失了，变成了阳光自信、美丽上进的海燕。2016年毕业后，海燕在花店工作，如今是一个孩子的母亲。

作为一名党员，蒙芳把学校当成脱贫攻坚的重要战场，她说："努力培养好一名特殊学生，就可以减轻一个家庭的负担，帮助一个家庭脱贫。"于是，她在初中阶段开展职业教育，如汽车美容、烹饪、制作糕点、插花等。她还定期聘请专业技术人员提供技术指导，让孩子们能学

↑ 蒙芳老师（右三）给学生上美术课

一技之长。2021年，15％毕业生可以实现就业，有的在花店工作，有的从事木工，有的在广东打工，自食其力过上幸福生活。

## 个性化教育一站送达

有人说，特殊儿童就像折翼的小鸟。那特教教师，就是为他们修补翅膀的人。

"当我来到这个世界的时候，老天爷和我开了一个无情的玩笑，它给了我一个不健全的身体，让我成为了小伙伴眼中的另类……"蒙芳从孩子的眼神、声音里读出孩子的心声，并把这些"心里话"述诸笔端。

在学校，蒙芳要让孩子获得的不仅仅是技能，还有守护和鼓励。在学生们找不到卫生间时，身旁伸来的是老师温暖的双手；找不到宿舍时，耳边传来的是老师亲切的声音；跌倒时，抬头迎上的是老师鼓励的目光。

就是这样一个女职工占多数的教师群体，以特有的柔情关爱着每一位特殊学生，以独有的坚毅履职尽责，坚守育人初心。

2016年，新生小华内向还很怕陌生人。为了让孩子早日适应新环境，蒙芳热情地与他打招呼，可孩子拽着她的衣角，满眼都是怨恨。孩子认为，是蒙芳支走了他的爸爸，只要一安静下来，就哭着要爸爸，有时甚至是歇斯底里地哭闹。看着小华无休止的哭闹，蒙芳依然疼着他，护着他，教他生活技能……

经过一个多学期的学习，小华开始会用简短的语言和老师、同学交流，甚至看到手脚不太方便的同学，还会主动上前帮忙。小华变了，不再是那个毫无理由、毫无征兆哭闹，生活难以自理的孩子了，家长深感欣慰。

没有爱，哪有特教学生的春天，哪有特殊儿童家长的"放手"。

平平是一位长期坐轮椅的脑瘫儿童，生活不能自理。2017年3月，平平父亲在帮助他上卫生间时，两人一起摔倒受伤。面对逐渐长大的平平，父母对他的照顾越来越力不从心。

得知这一情况，蒙芳东奔西走，与同事们一起联系爱心人士筹资为平平购买了一辆能上楼梯的电动轮椅，平平的世界变"大"了。

经过四年特教康复，平平的坐姿有了明显改善，能借物坐起、能坐没有靠椅的凳子，能自行拿筷子吃粉丝、面条，精细动作有了较明显改善。如今，只要父亲稍加辅助，平平就可以安全出行了。

↑ 蒙芳（左）为住校残疾儿童庆祝生日

02 贡献典型

↑ 蒙芳老师（左二）正在对学生进行个别化训练

入学前吃饭弄的满桌、个人卫生不能自理的小祯，经过特教学习，不仅能安安静静地自己吃饭，还逐步养成擤鼻涕等卫生习惯；入校前眼睛从来不会看人、不牵着就不能走路的小铨，如今学会了自己吃饭、洗澡、刷牙，学会了自己走，甚至会认人，能与人简单对话；就读前，不愿意外出，常常一个人闷在家里的小莲，如今学了不少手语，有了不少的朋友……

时光不语，静待花开。辛勤耕耘，满园芬芳。每朵花儿都有自己的春天，每个生命都有自己的梦想，有蒙芳的坚守，心有蓝天，一切皆有可能。

## 杏林春暖赣闽粤

在赣、闽、粤三省交界处,群山环抱的福中村,曾是经济技术落后的深度贫困地区。

有一个身影,背着药箱,骑着摩托,从1974年至2021年,持续1.7万个日日夜夜,来回奔走了16万公里。他就是寻乌县项山乡福中村乡村医生潘昌荷。

他靠着一份坚持、一份信念,持续为福建省武平县民主乡、广东省平远县差干镇的百姓服务,撑起24小时不打烊的诊所近50年,他说:"干一行,爱一行,惜一行。"

山路不好走,有时半天能回,有时至晚方归。不管路多远,只要乡亲一个电话,潘昌荷就会立刻赶过去。村头的潘其森、上村的黄六妹……想着三省10村800多户村民,他的双腿已经迈出了家门。这位"脚踏三省的乡村医生",先后被评为"中国好人""全国脱贫攻坚先进个人"。

### 脚踏三省的乡村医生

医之小者,悬壶济世;医之大者,跨省救民。

1974年,潘昌荷参加寻乌县人民医院赤脚医生培训班,第二年便在

## 02 贡献典型

吉潭镇中心卫生院进行了为期6个月的实习。之后，他回到了福中村，这一干就是几十年。

日复一日，年复一年，风里雨里，严寒酷暑，他始终坚守在农村。由于福中村位于赣、闽、粤三省交界处，是由6个自然村合并而成的行政村，村与村之间隔着大山。特殊的地理位置，也为潘昌荷赢得了一个"脚踏三省的乡村医生"的头衔。

"像潘昌荷这样仁心仁术的医生，很难找到了。"福建省武平县高书村村民谢坤杨说。2015年谢坤杨小孙女全身大面积烫伤，送到漳州的医院治疗，病情初步稳定时，已经花去了七八万元。彻底痊愈，至少还需要三四个月，换药就成了大问题。最后，谢坤杨把孙女接回村里，将清创和换药的难题托付给了潘昌荷。此后三个月，潘昌荷骑着摩托奔波在崎岖的山路上。所有这些都是义务诊疗，分文不收。最后，过意不去的谢坤杨硬将厚厚一沓钱塞进潘昌荷手里："这么远的路跑了八九十趟，摩托车总要油钱吧？"就这样，潘昌荷才终于收下了400元，又把剩下的钱塞了回去。

2007年，福建省武平县民主乡坪畲村中书圳自然村何方远外出骑摩托车时摔断了左腿，他多处求医，奈何医院康复费用太高，他返回老家求助于潘昌荷，经过连续6天的治疗，何方远快速康复，潘昌荷仅收了120多元医药费。可潘昌荷的摩托车在回家路上抛锚了，修理费就花了350元。虽然"亏大了"，但他

↑ 潘昌河（右一）为村民问诊

并不在乎。

还是那年，广东省平远县差干镇养殖户潘春阳的母亲，自采草药煮药汤喝，不幸中毒，他立即致电潘昌荷。潘昌荷二话不说放下手中的农活，骑着摩托车直奔潘春阳家，幸亏潘昌荷全力抢救才令其母脱险。2015 年，潘春阳父亲突发脑梗死，潘昌荷立即把他父亲护送到福建省武平县人民医院抢救，安顿好后才回家，护送费和出诊费都没收。

据福中村寨上村民小组谢传凤回忆道："2008 年 7 月，我自采草药治疗自己的中风病，喝了自己熬的药汤，中毒休克了。潘昌荷晚上 12 时，摸黑赶来我家救治，直到第二天早上看到我苏醒没事了才回家，期间只收了我 13 元的医药费。"福中村梅子自然村的赖和辉对潘昌荷交口称赞："每次出诊，他从不收取摩托车油钱和出诊费，我们都会硬塞给他 10 元至 20 元油钱，要不然的话，他看病要亏本。"

### 让人人都看得起病

"乡村医生难，看病先筹钱；乡医治病难，利小又艰险；诊病无设备，全凭临床验……"网络一首打油诗是乡村医生的真实写照。

城里卖药都是按瓶卖，而潘昌荷这里，药一直都是按颗卖的。之所以这样，是因为可以减轻村民的负担。

20 世纪 90 年代，许多村民拖欠潘昌荷的医药费。有时药房里只剩下 200 元左右的常用药，潘昌荷不仅没有钱再进药，还拖欠福建省武平县医药公司的进药款，只好关闭药房。妻儿们都劝他按照县里定的药价来收取费用，可他还是坚持按成本价格来收药费。

没有药房，他依然坚持给村民看病。他一边做生意赚钱还医药公司的欠账，一边给村民免费看病、开处方，叫病人拿着处方到邻近的乡镇卫生院买药。直到 1995 年 1 月，他才还清医药公司的进药款。医药公司的人问他为什么这么长时间没有去进药,他只好说:"没有钱,不好意思来进药了。"

有时为了帮村民节约药费,他还上山自采中药材,为村民熬制中药。

家住福建省武平镇东柳镇大阳村的何冠元,离福中村35千米。1993年,何冠元的女儿癫痫发作,突然倒地、口吐白沫。潘昌荷接到电话,拎着药箱一路小跑三四个小时赶往何家,还来不及喝口水,他便把脉诊疗说:"这是间歇性癫痫,得好好治。""知道我家艰难,潘医生帮我选择最便宜而最难制作的中草药。"何冠元回忆起往事仍然热泪盈眶。潘昌荷自己上山挖药材,实在不行就去外地购买,有时路费比药材费还贵。何冠元女儿服了30多次后,再也没犯过病。

"山里人生活艰难,能帮一把是一把。"潘昌荷为了节约成本,进山采药是常事,自己炮制饮片,实在采不到的药才去县里买。对于极其困难的患者,潘昌荷总是格外照顾,耄耋之年的邹大娘就是其中之一。有一次邹大娘突然昏厥倒地,潘昌荷用银针在膻中、曲池、丰隆等穴位上急速捻转提插,老人很快苏醒过来。"大娘,您是犯了'痰厥',得吃药。"潘昌荷为邹大娘配了中药方,医药费没收就走了,等邹大娘情况好些了,她自己颤颤巍巍地走到潘昌荷家送上医药费。

几十年来,经潘昌荷诊治的患者有20余万人次,他给自己制定了一个原则:凡是60岁以上的老人看病免收门诊费;外伤包扎、测量血压等全部免费;自己确实治不了的病,第一时间帮助患者联系上级医院,

↑ **潘昌河(左一)为村中老人免费测血压**

并亲自护送病人到上级医院治疗，为患者提供力所能及的服务。

不包括对建档立卡贫困户、65岁以上的老人以及行动不便者定期随访，潘昌荷帮助村里留守老人代缴医保300余人次，协助乡亲们办理慢性病手续200多人次，帮助贫困户报销医疗费、履行家庭签约服务，并建立了居民健康档案……

### 为乡亲们培养接班人

从没有误过诊，更没有发生医疗纠纷。凭借着"老三样"，他为村民守好了健康最后一公里。可是，随着潘昌荷的年龄越来越高，村里老人的慢性病谁来接力？福中村老人，谁去为他们上门服务？

福建省武平县民主乡高书村马齐塘村谢桂棠说："他是我们的良心医生，我们需要他。"广东省平远县仁居镇飞龙村赖六妹说："潘医生不仅技术好，服务态度也好，我们离不开他。"

福中村打子石自然村谢长恒说："1998年，我开始痛风，曾四处治疗，病情不见好转。2014年端午节，我抱着试一试的心态找到潘昌荷，仅治疗3个月，痛风就好了。这种医生哪里找？"

"我的年纪也大了，以后跑不动了，乡亲们怎么办？"这成了潘昌荷最挂心的事。然而，自从《乡村医生从业管理条例》实施以来，乡村医生的准入门槛提高了，素质能力提高了，新增人数却大为减少，同时，这个职业对年轻人的吸引力也在下降。

左思右想，潘昌荷把目光瞄准了自己家人，女儿嫁得远，儿子性子有些浮躁，倒是儿媳妇性情沉稳，颇有学医的资质。2015年，他郑重其事地把儿媳妇王娟叫到身边，向她讲述了自己46年的从医感悟，王娟读出了公公的心理，为他的故事所感动，便爽快地答应下来。

王娟先是前往赣州卫生学校学习基础知识，后又在寻乌县长宁镇城北新区卫生服务中心工作两年多。"工作中学西医，回家来学中医，历练历练，回来接班。"接班人有了着落，潘昌荷心里总算舒坦许多，在这位朴实的村医心中，没什么比乡亲们的健康安乐更重要。

还有比这更舒坦的事情，那就是寻乌县卫生健康委员会专门拨款，联合福中村村委会，为潘昌荷建了一间80多平方米的宽敞卫生室，其中6间诊室彼此独立，乡亲们看病更方便了。不仅如此，潘昌荷也享受到了政策的红利，山里修路了，以前走半天，现在半个小时就能到。新型农村合作医疗开始实施后，乡村医生每年有3000元的药物基础补助，每个月还有150元补贴，潘昌荷一家的生活也稍微宽裕些了。"当初家里攒够了修老房子的钱，他却建了一个诊室，那时嫌他没出息，现在理解他了，他是心眼好，真心实意地为村民服务。"与潘昌荷生活了大半辈子，钟六妹越来越懂丈夫的心。

而对于潘昌荷来说，国家政策越来越好，乡亲们不仅勤劳又能吃苦，他们只要不生大病，生活一定会越来越好。为乡亲们守住健康，就是守住脱贫攻坚的成果，做这事一辈子都值！

# 心中有梦的"扶贫之花"

一双明亮的眼眸,笑靥如桃瓣,皮肤白皙,马尾辫高高翘起……刘旸旸给人的第一印象就是校园里的小姐姐,很难想象她已是驻村四年之久的"老干部"。

再看看这个位于吉水县八都镇的东坊村,曾是江西省"十三五"重点贫困村,泥泞的进村路,东倒西歪的土坯房,随处可见的塑料袋,得过且过的人们,让东坊村失去了"灵魂"。2017年,她来到村里后,为村里百姓燃灯、明心、引路,东坊村旧貌换新颜,蒙童不用长途跋涉上学,烂泥塘变成了文化公园,土坯房改成了小洋楼,村前屋后分时令轮作着蔬菜、山茶、芋头、西瓜等作物,同时还有牛、羊养殖和光伏等项目,令人赞叹。

这位"老干部"就是省教育厅派驻吉水县八都镇东坊村第一书记刘旸旸,她也先后荣获江西省"五一劳动奖章",全国脱贫攻坚先进个人。

## 燃 灯

教育部门派驻的干部,当然最先关注的是教育,因为教育是阻断贫困代际传递的重要途径。

02 贡献典型

↑ 刘　瑒获得"全国脱贫攻坚先进个人"

## 逐 梦

2017年5月25日，踏入东坊村的第一天，刘旸瑒就发现孩子几乎都就读于距村5公里的镇中心小学，家庭条件好的在镇上租房陪读，家庭条件差点的就只有靠家人骑车接送，路途遥远不说，还有安全隐患，且占用家庭劳力。

在前面几任驻村干部的努力下，通过省教育厅筹集资金新建了东坊村小，2017年秋季正式建成投入使用。刘旸瑒立即为秋季招生做准备，在走村入户摸排调查中，动员村民把适龄儿童送到新学校上学。

如此关注村里的孩子成长，有一部分原因是当时的刘旸瑒还是妊娠中的准妈妈。她看不得村里的孩子有一点点委屈，总希望能给孩子们多争取点，这也许就是"幼吾幼以及人之幼"。

邹灏是东坊小学的第一位老师，他回忆道："刘旸瑒每隔两三天都会到学校里看一看，缺点什么，还能给孩子们做点什么。"

2018年，邹灏在上体育课时，小声嘀咕了一句："学校要有个像样的塑胶跑道就更好了。"说者无意，听者有心，刘旸瑒回村部立刻与队长商定方案、做预算，并向上级申请资金。

当年秋季开学，一条崭新的塑胶跑道就建成了。东坊小学在新跑道上举办了第一届秋季运动会，孩子们光着脚丫子在跑道上飞奔，发出爽朗的笑声，至今回响在刘旸瑒耳旁。后来，学校还建设了乒乓球室，"学生微机室""专递课堂"也建立起来了……

硬件设施越来越"硬"，东坊村小的软件也不"软"。

2019年，刘旸瑒把"校园科技节"带入小学，孩子们认识了VR、观看了无

↑ 刘　瑒关注儿童教育

人机和机器人表演，她还把专家请进了学校，开展送教送研活动。每个暑期，她都召集村里的留守学生参加研学、夏令营和读书等活动。

不仅是儿童教育，她还关注村民文化生活。除了每月定期为党员讲"党课"，刘旸瑒还争取到了100万元资金，将东坊村口的烂泥塘改造成了集古戏台、篮球场、村史馆、阅览室、小池塘等于一体的东坊村文化广场，有了文化广场，"采茶戏下乡""学先贤、思奋进""书香高塘"等系列文化活动从远方走进山村，村民隔三差五就能享受到家门口的"精神食粮"。

明　心

东坊村就是大部分贫困村的缩影，年轻人几乎都外出打工了，老弱病残留守家里，这些人基本属于"三弱"人群：一种是疾病缠身，身体弱；一种是突遭不幸，家底弱；还有一种是没有文化，技术弱。且他们对帮扶干部处处提防，不仅物质上不富裕，而且思想的包袱更重。

为了赢得村民的信任，2018年9月，刘旸瑒出月子不久，气血不足的她本应好好休养，但因担心影响村里的脱贫事业，她不顾家人的反对，把孩子抱回东坊村，一边工作一边哺育小孩。有时她抱着孩子走村串户，有时她放下嗷嗷待哺的孩子请人看管。村民心生感激，感觉刘旸瑒就像邻家女儿一样。有的村民开玩笑说，刘旸瑒的小孩是年龄最小的扶贫队员。

后来，为了专心扶贫，她把孩子送回给父母看护。到夜深人静之时，刘旸瑒会反反复复看孩子的视频，看着看着眼睛红了，流泪就像她的思念缠绵不断。早晨起来看到刘旸瑒的眼睛有些红肿，村民和同事都很心疼她，希望她能多回去陪陪孩子，她却说："这是我的使命，是我的选择，村民不脱贫，我绝不离开村里。"

把群众放在心上，把青春献给村里，刘旸瑒认定的事，就会坚持下去。

刘旸瑒特别擅长从拉家常里发现问题。有一天，刘旸瑒和一群婶婶聊天，大家有说有笑，一位大婶却愁眉苦脸。细心的刘旸瑒嘘寒问暖关心大婶，这位大婶见状，方才吐露心声，她说："我儿子王圣根的新房刚建不久，借的钱还没还清，他就患了肝病，治病又要几十万元。"

刘旸瑒二话没说，一边从包里掏出仅有的1000元送给王圣根妈妈，另一边想办法帮王圣根申请"轻松筹"。事后，她带着队员来到王圣根家，帮助他申请建档立卡贫困户。王圣根治病总费用70多万元，"四道医疗保障线"就为他报销了60多万元。

脱贫户王建生和儿子都曾不幸罹患尿毒症，需要住院治疗，可家里一贫如洗。刘旸瑒了解情况后，她和工作队发动单位干部职工为王建生筹集3万多元，解了他家的燃眉之急，他和儿子的病得到及时救治。

因病致贫的王造生腿脚不便，他小儿媳因病医治无效不幸去世，小儿子家中债台高筑，三个小孩上学的学费和生活费都难以支付。王造生找到刘旸瑒，希望为孙子孙女减免学费。为了不让王造生失望，她费尽心思从社会资助机构募得五千多元资助款供其孙子孙女上学。

脱贫户王小剑几年前不幸遭遇车祸，那时他的家人面对重创，只顾以泪洗面，哪知道用法律武器保护自己。刘旸瑒看在眼里记在心里，她不仅教他们学法用法，还用法律武器保护王小剑的合法权益，同时，她还跑前忙后为他办理医疗报销事宜。

2019年底，王贱根、王叶飞、王建生几家搬进了新居。乔迁那天，刘旸瑒与村民一起搬家具，看着比自己女儿还亲的书记，王贱根激动地说："70多年了，我做梦也没想到，我能盖新房，还能买得起彩电、冰箱、空调、洗衣机。这要谢谢刘书记，谢谢党的政策好！"

一次次真心的帮扶，一幕幕与村民渡过难关的场景，弹指一挥间，刘旸瑒从"扶贫妈妈"，变身东坊村的"贴心女儿"。

## 02 贡献典型

### 引 路

东坊村山多地少，祖祖辈辈困守一亩三分地，却挣不到更多的钱，村民甚至都不知道在田里还可以种其他产业。在这种思想保守、观念落后的地方发展产业，谈何容易？资金、人才和技术，东坊村的储备全是零。

从零开始，那么就从人开始吧。刘旸瑒通过仔细观察，从村民中选出头脑灵活的王春根，引导他学习技术，并率先养殖牛崽，有了人，还有牛崽，东坊村大丰养牛合作社也就成立了。合作社起点很高，一开始就养了400头牛，有的村民怀疑，有的村民嘲笑，有的村民在默默观察。一年下来，看着牛儿长得膘肥体壮，王春根喜笑颜开，这也让村民投来了羡慕的眼光，同时全村贫困户全部领到了分红。

这激发了村民的运力，他们渴望脱贫，更渴望自己也能在小康路上越走越远。有的村民问可以养其他的吗？有的村民问合作社可不可以多些呢？

肖六仔头脑灵活、勤劳肯干，就是不爱说话，刘旸瑒多次找她促膝而谈，引导她参与蔬菜种植。在精心选择下，肖六仔种了30亩红芽芋，当红芽芋有一点成长，她

↑ 刘 瑒（左）为老人送温暖

就急着把这份喜悦告诉刘旸瑒。肖六仔记录着红芽芋从薄膜下冒出芽头，长出茎秆，最后结出硕果。到了收获季节，刘旸瑒带着队员当起了肖六仔的销售员。一个女书记，包里随身携带芋头，从南昌大型超市，到吉安菜市场，她把这些地方的价格表、采购员的电话一一记录在案。

尽管通过市场销售了部分红芽芋，但仍有6万多斤芋头没着落。"为了不挫伤肖六仔的积极性，我一定要帮她打通销路。"刘旸瑒暗下决心，并求助20多家教育厅属高职院校。当获得订单后，她又与工作队队员余华、李熹一起担任押运工，跟车分批送到各个高校，起早贪黑，风里来雨里去。当红芽芋全部送完并拿到25万元销售款时，肖六仔激动地说："如果不是刘书记帮我包销、壮我的胆，我很难有这么大的突破，也赚不到这么多钱。"

王春根、肖六仔笑了，刘旸瑒还来不及享受喜悦，便立马投身到下一个项目上。2019年，她筹建了东坊村的第二个合作社——鑫丰种植养殖合作社。合作社的形式多样、产业丰富，有"党建+扶贫"蔬菜基地模式，有"公司+基地+贫困户"模式，还有"致富带头人+合作社+贫困户"模式，多种模式孕育了养鸡、种植井冈蜜柚、西瓜，加工大米、茶油等产业形态。2019年，东坊村建档立卡户每户增收近万元，全村贫困户全部实现脱贫。

2020年初，新冠肺炎疫情暴发，村里的扶贫农产品一度滞销，刘旸瑒挺身而出，带着农产品在全省各地参加展销会，联系各单位工会采购。同时，她发挥口才优势当起了"女主播"直播带货，在"最美第一书记带货啦"直播活动中，她在短短的几小时内营销额达12万元。小小的东坊村一下子沸腾起来了，周边的村民也抛来了羡慕的眼光。

几年来，刘旸瑒在面对自己的选择时，仍然心有明月，没有谁能阻挡她前进的步伐。

02 贡献典型

↑ 刘　玚为村里直播带货

## 八年战贫的人民卫士

八年，可以是白驹过隙；八年，也可以是沧海桑田。

穿上警服执勤办案，他是"明知山有虎，偏向虎山行"的人民卫士；脱下警服驻村帮扶，他为3个村争取上千万的项目资金，帮助100多户摘掉贫困帽。

不一样的战场，同样的职责。

这是一份光荣的成绩单。从2013年在遂川县戴家铺乡清秀村驻村，到2015年在泉江镇集合村担任第一书记，再到2016年继续被派驻雩田镇村口村担任第一书记，最后到2019年，村民用红手印向组织申请留住方敏军，他深受感动，主动请缨留任驻村第一书记。

这是一枚沉甸甸的"军功章"。他在驻村期间遭遇父亲罹患绝症去世、妻子高龄生育二胎、儿子小升初等人生大事难事，但他仍然把群众当"亲人"，把群众事当"家事"，把驻村工作当"事业"，用苦乐自知的"辛苦指数"，换来写在群众脸上的"幸福指数"。

他，就是吉安市公安局交警支队派驻遂川县雩田镇村口村第一书记兼扶贫工作队队长方敏军。

### 神圣的使命

村口村是"十三五"省级贫困村，距离县城不足15公里，离105国道仅5公里。虽然村口村的地理位置和区位优势都不错，但是许多乡镇干部和村干部都不愿意久留，在这里干过的干部一任接一任，犹如走马灯。

2015年之前，走进村口村村委会，那还是一处危旧土坯房，里面的蜘蛛网一层又一层，仅剩的两三张办公桌也缺胳膊少腿。看到这种办公条件，村级集体经济状况可想而知。再看看村里的党员干部，平均年龄超50岁。屈指算来，上一次党员大会已经是2000年之前的事情了。

2016年，已在清秀村和集合村当过扶贫干部的方敏军来到村口村，许多人都认为这个外表文雅、身穿警服的第一书记，恐怕也是来镀金的，过不了多久也要走。

在走访中，方敏军得知80岁的老党员杨君坦羡慕邻村已经装上了自来水，喝上自来水是村民的夙愿。为了能够尽快完成村民们的心愿，方敏军立刻与县自来水厂联系，可由于距离太远，且水压不够，只能暂时放弃。

那年夏天，他领着村干部翻山越岭，徒步七八公里，沿着似流似断的水流，在连绵数百米、齐人深的茅草里，寻找水源。长长的茅草像锯齿一样割破他们的手臂，鲜血直流。好在找到了水源，而后方敏军为了把泉水引到村里，他又开始跑资金、谈项目，经过近1年的努力，村民终于喝上了甘甜的自来水。

在走访中，方敏军发现，村里没有循环水泥路，不是断头路就是泥浆路。村民说，这些路并不是没钱修，而是几个村民反对修路，一来二去就成了"卡脖子"路。

方敏军迎难而上，召集镇、村干部和扶贫工作队队员及村民，到村

↑ 方敏军（中）与群众交流

祠堂进行"屋场夜会"，村民纷纷谴责"钉子户"，受制于舆论，"钉子户"让出了门前的路，"卡脖子"路修通了。

借势借力，方敏军将105国道进村道路拓宽工程一举拿下，使得村口村与彭汾村、盘溪村等的道路也陆续连通，成为"六村通衢"之地。

进村路弯道多，车祸频仍，一场严重车祸会导致两个或两个以上的家庭破裂，曾有许多家庭因此致贫、返贫。交警出身的方敏军，时刻想着村里的安全扶贫。经过数次考察，他向单位报告，申请在村道路面较窄或弯道视线不佳处安装减速带、凸面镜等，村口村从那以后的交通事故大大减少。

一件件难事得到解决，一个个难题被化解。村民看在眼里记在心里，他们有事都会向方敏军反映，有什么心里话也愿意向他诉说。

老支书郭湖运家境贫困，是村里的"刺头"，村民都不爱"搭理"他，他既不支持村里的事业，又时不时地煽动群众闹事。方敏军得知情况后，通过走访与郭湖运交朋友，经过精准施策帮扶，让郭湖运快速脱贫。如今，郭湖运成了方敏军无话不谈的"智囊团""座上宾"，对村里扶贫工作也格外上心。

除此之外，"懒汉"张南生在方敏军的劝导和介绍下，丢掉了酒瓶子成了企业工作标兵；脱贫户杨丁生在他的引导下，主动发展生态养殖，实现了从"要我脱贫"到"我要脱贫"的转变……

正如方敏军在日记里写的那样："第一书记必须真正扑下身来、沉下心去、蹲到村里，扎实工作，才能和群众心贴心。"

### 精准的帮扶

在"精"字上下功夫,在"准"字上谋实招,摆脱贫困需要"一把钥匙开一把锁"。

"产业找对头,脱贫有奔头。只有把种什么、养什么、从哪里增收想明白,才能找到脱贫致富的好路子。"方敏军总结着经验,也用心为这个村谋发展。

村口村是个合并村,范围达到7.8平方公里。方敏军入村之前,村里只有三台变压器,电压不稳是"老大难"的问题。别说引入大型工厂,就连普通的碾米厂、榨油厂都难以保证正常运转,村民颇有微词。方敏军以村民所需为切入点,积极奔走,加装了几个变压器,稳定了电压,村民家里的灯也不再忽明忽暗了。同时,方敏军还在村主要路口和生活集聚点组织安装了70余盏太阳能路灯,为在工业园区务工的村民上下晚班解决了照明和安全问题。

村口村的路、水、电、照明等硬件完善后,一个个产业项目依次进驻。

离村委会5公里的山上,汩汩而出的溪流,成为村口村重要的"财源"。方敏军在化解村民饮水难题之后,重金聘请专业机构对水质进行检测,经检测部门认定,该水源水质优良,日产矿泉水200吨,不仅足够2200多位村民饮用,而且有富余。

2019年3月,村口村因势利导,成功引进江西正元饮用水有限公司,并启动180万元的山泉水共同投资扶贫项目,项目设计产能为每小时生产矿泉水600桶。村口村2019年实现村级集体经济收入约10万元。

村里有了经济支柱,村民也应该拥有产业经济,才有希望从贫困的泥潭里逃出来。为了摸清楚村口村的情况,方敏军跑遍村口村的山山水水,夜晚与村民座谈,他发现丘陵地带的山麓,是一块又一块的梯田,由于是冷水田，多数处在山之阴，水稻产量极其低下，多数田荒废着。

他想到了一个好方法：把外地在山里养殖小龙虾的技术学过来。有了"金点子"，他千方百计寻找合适人选，使小龙虾养殖计划一出炉，养殖规模基本就达到了200多亩。"在山里冷水田养殖龙虾，可谓一呼百应，比想象中顺利很多。"方敏军回忆道。更难能可贵的是，村里的贫困户全部积极参与，数百名村民实现在家门口就业，近60户成功脱贫。

与小龙虾养殖同时推进的，还有脐橙规模种植，这个产业推进的难度比想象中大了很多。村民胡路生是个"死脑筋"，面对多个干部连着一个多月的劝说，他不为所动。方敏军晓之以理动之以情，带着和胡路生一样不肯干不跟干的村民来到赣南脐橙基地，让果农现身说法："你以田入股，可以务工，80～100块钱一天，你做10天就有800～1000块钱，这就是你一年种粮的收入，这只是换种方式赚钱。"另一位果农说："种植脐橙既可以学技术，往后数年又能有稳定的收入。"一唱一和让胡路生等村民心动了。

方敏军见机行事，将外地"大户＋合作社＋农户"的发展模式照搬照套，建立村级果业合作社，发展脐橙种植产业700余亩。2020年，村口村脐橙基地约有20万斤的收成。

一个个接地气的致富门路，一个个可持续发展的"绿色银行"让村民找到致富门路，村里发展后劲更足了。

无悔的追求

"村里从湖北返乡的有14人，防控任务很重，我还得过去，照顾孩子又靠你了。"2020年1月27日，方敏军匆匆整理行囊，告别妻子和儿女，回到了村口村。

彼时，方敏军儿子正在读初二，女儿刚满一岁，都需要人照顾。"这

## 02 贡献典型

种特殊时期，就算不是第一书记，作为党员我也必须冲锋在一线。"比起家人，更让方敏军担心的是，这14名从湖北返乡的村民及其家人的安危。

早一分钟做好防控措施，就能早一分钟减少接触面。方敏军带着村组干部走村串巷，重点盯防商店等易发生人员聚集的场所，同时还劝导村民取消一切聚会聚餐，不集中娱乐聊天，不串门，取消不必要的外出……

↑ 方敏军（中）深入村民家中走访

从湖北返乡的村民郭某不听劝，照常串门，不以为意。方敏军上门劝说，郭某仍然我行我素。方敏军再次来到郭某家，对其严肃警告："不许再随便外出走动，否则将视情节严重以危害公共安全罪论处。从今天开始，你要购买什么生活用品，由我或村干部代购送到家里。"

听着方敏军名为警告、实为服务的话，郭某终于想通了。

同时，方敏军摸索出了新方法。为方便村民生活，所有党员干部在轮流值守时，还要成为生活"代办员"，负责帮助村民采购并派送。哪里有爱，哪里就有不顾一切的信任。

当疫情防控到了关键时期，村里有7户人家先后要置办婚宴、寿宴，起初小横陂自然村的张厚佑还嚷嚷着要为儿子举办婚礼，当村里系列防控举措落实后，张厚佑主动致电亲戚朋友取消婚礼。

当从湖北返乡的村民张某有发热症状时，她及时致电方敏军，方敏军与原村支书胡桂生商量后，联系120救护车专门接她去检查确诊。所幸有惊无险，张某说："感谢方书记，让我得到及时的治疗，并避免了猜疑。"

一波波大考，一次次化解。方敏军苦练"七十二变"，却是独自默默

· 113 ·

扛过了"八十一难"。

为了协调水厂建设土地征用工作，方敏军连父亲去世的那天都在岗位上，他含泪坚守，没能见上父亲最后一面，这成为他一生的遗憾。只有父亲那句话萦绕耳旁："这是组织的信任，你还是去吧！"

当妻子高龄生育二孩，需要方敏军在身边陪护时，他曾经的承诺无法兑现；当上学的儿子需要陪伴照顾时，他只能任由孩子独自行走在上学放学的路上……方敏军何尝不想把丈夫和父亲的责任全都扛起来，可内心一番挣扎后，他选择坚守在扶贫一线。

正如方敏军所说："在脱贫攻坚的最后征程里，我将继续保持第一书记的初心，不忘'来时路'，走好'脚下路'，坚定'未来路'。"

# 一往情深向曲江

在罗霄山脉中段东麓的小山村里,有这样一位第一书记,无论刮风下雨,天寒地冻,一盏灯下,总有他的身影。2000多个日夜,他写满了7个日记本。

他为村民修桥筑路,修建文化广场、文化活动中心等,开发农机合作社、种植花卉苗木、养虾、养蜂四个富民产业,最终带领村民全部脱贫致富。

他,就是江铜集团德兴铜矿派驻井冈山市东上乡曲江村第一书记叶维祝,呵护着曲江村一步步向前,就像呵护一个步履蹒跚的孩子长大一样,心中虽有万千辛酸,但不改一往情深的祝福,愿曲江人在小康路上一路前行。

### 筑基础

翻越罗霄山脉的道路,犹如行走在浪涛般的绿色褶皱里,人顿时渺小起来。山路两旁,是成片的竹林,一眼望去,千万缕绿线拔地而起,如烟似雾在山风中荡漾。

叶维祝仍然记得,2015年8月,他第一次看曲江村的样子:泥泞的

## 逐梦

道路，歪歪斜斜的泥巴房。每当夜幕降临，如死一般的寂静，出门时，必须要带根长棍子，以防路遇野猪、蛇等。

曲江村215户1061名农户，建档立卡贫困户就有43户190人。村里没有集体经济收入来源。村里连一家小卖铺都没有，手机信号时断时续。贫困户的家当只有一口锅、两床被子……

起初，叶维祝与队员已经做好了心理准备，困难应该是比较大的。现实是曲江村比想象中更穷，与德兴铜矿矿区的生活相比是天壤之别。同行的一位人员坚决退出。叶维祝心受触动，深感责任重大，他回忆道："组织信任我们，我们不能辜负领导的信任。再说，我们是来扶贫的，又不是来享福的，不能因为条件艰苦就打退堂鼓。来了就没有回头路！"

随即，叶维祝组织村干部召开动员会，与村"两委"成员一起讨论轻重缓急的难题，确定了大力发展产业帮扶、走访送温暖、优先解决贫困户务工需求三大紧急任务。

↑ 叶维祝（左）在贫困户家中走访调研

会后，他迅速进行了摸底、家访。白天与村"两委"班子成员交流探讨，了解村情、融洽关系；晚上来到村民家，挨家挨户走访，促膝谈心，详细记录每一户家庭的生产生活情况、存在的困难、个人需求、意见建议等。

大山阻隔，困囿了村民的眼界；村道难行，限制了群众的视野。曲江的基础设施太落后，外界的东西进不来，村里的农产品出不去。

通过深入调查研究，精准识别，叶维祝掌握了第一手资料，摸清了曲江村产业发展、基础设施、人居环境等基本情况，找准了制约曲江村发展的突出问题，确定了以项目建设为主，辅之以产业扶贫、教育扶贫、文化扶贫的帮扶思路。

从修路入手，叶维祝协助村"两委"班子成员，借助江铜强有力的后援，筹集资金300余万元用于架桥铺路、挖沟修渠、整治改造。他撸起袖子带着大家加油干：重新建设村委会大楼，修路，修河堤，将垃圾堆放场地改建为小型休闲广场……

曲江村原本的坳头水渠年久失修，给村民们的生活带来极大的不便。叶维祝带领村民新建了农田灌溉水渠，不仅彻底解决了4个村民小组300多亩农田的灌溉问题，还能有效发挥水渠的防洪排涝作用。

民心园、爱心桥、爱心路……沿着干净的沥青路走进东上乡曲江村，随处可见写有"江铜援建"字样的基础设施。

架桥铺路、挖沟修渠、整治改造、帮扶助困……叶维祝一桩桩地干，一件件地办。6年来，叶维祝新修饮水工程2处，新建休闲文化广场1处，新建文化活动中心1座，整治水渠1500米，新修入户路1025米，修建连组桥1座，建设灌溉水渠1800米，硬化道路1200米，新建排水沟1200米，推动主干道绿化和小型停车场、村民心景园、河道整治的建设，修建900平方米村民健身休闲广场，拆除危旧空置土坯房23栋，维修加固土坯房 35 栋。

一个个项目落地，一件件民心工程从曲江土地上拔地而起。"感谢江铜，帮我把路修到了家门口，让我也有干事创业的动力了。"脱贫户何艳香一想到此事，心里便满是感激。

### 做产业

路通了，桥修了，曲江村不再是"雨天一身泥，夜里一片黑"的样子了。2017 年 12 月，曲江村顺利通过第三方评估考核，退出贫困村，为井冈山市在全国率先脱贫"摘帽"做出了积极贡献。

帽摘了，帮扶工作就结束了吗？2018 年，叶维祝可以选择返回单位，但是他没有，他毅然选择了留任。在叶维祝看来，脱贫"摘帽"不是终点，更像是起点……如何保证已经脱贫的群众不会再次返贫？他总是看得更远，想得更深。

"授人以鱼不如授人以渔。"6 年来，叶维祝始终把发展产业作为脱贫第一要务，在曲江村现有的自然资源基础上，他听取村民的意见，从种植白莲入手。

2018 年，江铜出资产业扶贫资金 20 万元，吸纳村民入股 5.8 万元，成立白莲合作社。"村集体经济基础薄弱，发展扶贫产业无法承担试错成本，必须把每一分钱都用到刀尖上。"叶维祝由于没有种白莲的经验，他每天的心都是悬着的，从藕节深深地插入淤泥的那一刻起，他几乎天天失眠，一睡不着就在荷塘边走走。

起初担心莲田的施肥是不是到位，接着担心藕的质量是不是靠谱，然后又担心种植的密度是不是合理……稍感苗头不对，叶维祝便寝食难安，四处学习考察，求方问药。

当看到荷叶亭亭、荷花朵朵时，他心里踏实了许多。当他看到饱满粒圆、清甜可口的莲子时，却开心不起来了，这是为销路发愁。托朋友，找同事，多方奔走联系……只为让好的产品能得到大家的认可。

庆幸的是，2018年，曲江莲子收成满满，2吨莲子销售一空，全年收入20余万元，利润3.5万元。村民作为股东拿到分红，作为产业工人获得劳务收入6万余元，作为"包租婆"拿到租金4万余元。

收益如此之高，原本还有顾虑的建档立卡贫困户纷纷抢着联系村委会参与白莲产业。2019年曲江村名下白莲种植面积达到400亩，2019年白莲产品销售额达到117万元，成为这个江西省"十三五"贫困村孵化出的百万扶贫产业。

村民尝到了甜头，自然紧跟叶维祝，他们在2020年白莲合作社的基础上创造性地实行"合作社＋贫困户＋农户"的产业结构模式，让更多的村民加入组织，扩大规模。90亩的低产鱼塘里种上了莲花，同时养鱼、养虾，打造"莲＋鱼＋虾"的立体化养殖模式。

↑ **叶维祝在莲塘采莲子**

叶维祝顺水推舟，向组织申请投入30万元购买一台旋耕机和两台收割机，成立农机合作社，即可帮助村民收割稻子、翻田耕地，又可租给别的村用，收取租金；同时，他又利用曲江村山高林密的特点发展养蜂产业，引进井冈山市海伦堡养蜂专业合作社，发展300箱蜜蜂。

扶上马再送一程。为了打开各类"山货"的销路，叶维祝带着莲子、蜂蜜样品各地跑，不仅江铜的每一个单位他都跑了个遍，浙江、福建等地，也都留下了他的足迹。功夫不负有心人，山沟里的农产品跑出了一条畅销之路。

如今，曲江村的白莲、蜂蜜等土特产"穿"上了包装盒，印上了"井冈山"的标志，岁末年终，更是摆上了年货的展台，进入到千家万户。2019年仅白莲产品的销售额就达到了117万元，全年产业利润突破了50余万元。人均收入从2015年的4600元提高到2019的11643元。

每当谈到产业，叶维祝就像打了"鸡血"一样，浑身都是劲。"下一步，我们不仅要培养一支年轻的村干部队伍，还要培养他们的产业意识，培养出一支不走的扶贫队。只有产业发展巩固了，才能让老百姓真正地富裕起来。"

### 暖人心

当过兵、下过矿、种过地的叶维祝，可谓身经百战。在曲江修路建桥做产业，让他获得了群众的好评，村民对他的称呼也是多种多样的，像"叶部长""叶爷爷""叶书记"……

真扶贫，扶真贫，他还扶心贫。脱贫户张某的孙女患脑积水多年，一直卧病在床。尽管张某孙女可以申请办理残疾证，但是张某怕孙女因病变的样貌吓到外人，不愿带她外出办理。叶维祝听闻此消息后，积极联系当地残联，请工作人员上门为张某的孙女办理残疾证。

曲江村村民思想比较守旧，总希望把孩子圈在身边，生怕小孩出去受苦。叶维祝刚到村里时，发现很多的年轻劳动力留守在家。针对这一情况，叶维祝鼓励年轻人出去打工，让他们尝到甜头。

对于叶维祝的付出，村民看在眼里、记在心上。淳朴的村民不善于表达，有时采摘新鲜果蔬送给他以表感激；如果叶维祝不在家，村民们就悄悄地把果蔬挂在门把上。

村民贺龙庭至今还记得，当他出车祸的时候，叶维祝初来乍到，却第一时间上门慰问，并自掏腰包拿出几百块钱给他，鼓励他要相信组织，战胜困难，鼓起生活的勇气。

↑ **叶维祝（左）为贫困户送温暖**

这些年，曲江村因为有了叶维祝，村民笑容多了、村庄变漂亮了。可他上有高堂老母要照顾，下有儿孙辈要帮衬，自从叶维祝去曲江村扶贫后，家里的一切全靠妻子一力承担。

2016年10月，母亲生病住院，儿媳临产，妻子因劳累过度老毛病犯了在打吊针，大外孙女无人照顾，所有的事情都赶在了一块。而此时正逢曲江村扶贫工作迎接国家检查验收的关键时期，叶维祝打电话给妻子说，不能因为个人原因而影响整个扶贫工作的检查验收，请她理解。同时，他告诉儿子，这个关键时期，家里就要靠他来担当了……

"家人对我这么支持，就冲这一点，我也要把工作做好，才能对得起家人的付出！"叶维祝深有感触地说。

## "兰花书记"的致富经

在乐安县金竹畲族乡有一个被誉为"金竹大西部"的严杭村,这里山穷水尽,却因兰花闻名遐迩。

在严杭村有这样一位党支部书记,他以迫切的使命感,当好秀美乡村建设的"执行者",让破烂不堪的山村变身山间花园;他以强烈的事业心,成为产业发展的"领路人",让困难群众树立致富希望;他以朴实的家乡情怀,甘为乡亲的"贴心人",让温暖直抵人心。

他就像兰花一样,能进大雅之堂,能处幽暗山林,不怕雨打风吹,不惧电闪雷鸣。不与桃李争妍,不畏浮云遮眼。在他的引领下,严杭村建成兰花产业基地、冷水鱼养殖基地、瓜蒌基地、农村集中安置保障房,俨然一个崭新的产业"大工厂"。这位书记名叫邓国凌,村民亲切称之为"兰花书记"。

### 当好秀美乡村建设的"执行者"

20世纪90年代初,严杭村还是个交通便利、秀美宜居的小山村。因建设山坑电站,到达严杭村的主要通道沉入湖底,道路中断,出山的路程从原来的10分钟增加至3个小时,山路弯弯,严杭村逐渐由一个交通要道变成了一个偏远闭塞的村庄。

交通发展严重滞后，导致基础设施差、环境卫生差等一系列的问题。严杭村呈现出"三多两少"现象：移民多、土坯房多、祠堂多；常住人口少、新建房少。

地处大山深处的金竹畲族乡严杭村是"十三五"贫困村，距离县城60公里，往返要好几个小时。全村428户1571人，有350户村民整体搬迁至县城或其他集镇，83户贫困户285人遍布全县6个乡镇。因为交通不便、地处偏僻，加上基础设施条件落后，生产生活条件极差，严杭村一直被称为"金竹的大西部"。

2008年，年仅32岁的邓国凌被村支部书记找到，请他回村做点事。那时村里穷，村干部基本没有工资，做事靠情怀。

看着日渐凋零的严杭村，邓国凌于心不忍，就来了严杭村。直到2014年，他当选为村党支部书记。在这些时间里，他获得了村民的认可

↑ 邓国凌（右二）带人参观兰花基地

和信任，却得到家人的埋怨，妻子说："你看看谁，这些年哪一个不是往家里赚了成千上万的，就是你还给家里带来负担。"

邓国凌面对妻子指责，只能低头认错。可是回过头，他又给村民办事去了。他说："严杭村村民投票选我，那是对我的信任和期待，我只有带领村民发展起来，才算不负众望。"

2014年，邓国凌走马上任。作为严杭村党支部书记的他，面临着一个严峻的挑战：全村14个村小组，5个已成了空心村，9个村小组生产生活环境落后，只有村部所在地才有网络。

兰花之香，不择出身，不问世事，静待花开花谢，只为在那一刻站好自己的岗，散发出自己的香。面对现实，邓国凌决定从易到难入手。

要想富，先修路。他多方申请资金，打通进村新路，凿岩石、挖土方，硬是从没有路的悬崖，打造出一条5.7公里致富路，贯通4个村民小组，自此人畅其行物畅其流；与此同时，他还申请了公路维修排水沟、挡土墙建设项目5个，对其他进村公路进行维修维护，确保了进出车辆安全。

农村改造，关乎民生幸福。针对土坯房，邓国凌开始了3年改造工程，实施拆危拆旧3.8万多平米，完善自来水、入户路、排水沟等设施建设，并对墙面、窗户、护栏等进行了加固粉刷，9个村小组焕然一新。

为保障孤独老人的住房安全，邓国凌在村里申请新建5栋保障房，解决老人无住房问题；安装太阳能灯及维修项目3个，解决了村民出行照明问题；建设村级文化活动中心，提升了群众的生活质量及服务群众便利。

### 当好乡亲的"贴心人"

兰花生长在山顶的岩石上，土层很薄，只有深深地扎根在石头缝中，才能吸收到营养,借天时地利,散缕缕幽香,浓烈而芬芳。

"群众眼睛是雪亮的,要群众认可你,光嘴上说用心用情没用,要力所能及多做实事、办好事!要群众信任你,光能说会道和简单的解释没用,要多换位思考,困难想到群众心坎上,话说到要害上,事办到点子上。"被誉为"兰花书记"的邓国凌多次在村"两委"会议上这样说。

换位思考是邓国凌深得人心的"法宝"。谢春连夫妻俩体弱多病,因为缺资金和技术,还要供养子女读书,2014年被精准识别为建档立卡贫困户。邓国凌鼓励他们通过黄牛养殖、园区务工及保障性扶贫政策来实现脱贫,2018年谢春连家顺利脱贫。后来,一场变故给谢春连家带去沉痛打击,丈夫因病突然去世,她自己又因肠梗阻和视力问题住进了医院,家里的顶梁柱全倒了,家庭陷入返贫的危险。邓国凌跑前忙后,多次带她在县中医院详细检查,并主动帮助她联系了南昌大学附属眼科医院的医生治疗。

为了让谢春连振作起来,邓国凌夫妇经常驱车十五六公里到谢春连的家陪她聊生活、谈打算,有时还买菜一起做饭吃。"邓书记人很好,他们都不嫌弃我,我更不能嫌弃自己。"走出阴影的谢春连慢慢开朗了起来,但仍然没有生活目标,没有工作,家里不愿收拾,读五年级的小儿子经常玩游戏……"难道还想让子女继续贫困下去?""你现在是一家之主,子女都看着你。"邓国凌夫妇一番既有鼓励也有责备的话,终于点醒了她。"因为眼睛不好,邓书记帮我联系了临时在园区洪霞饰品厂做手工活""这么多人关心自己,我却连照顾自己小孩都不尽心",谢春连因此重拾信心,积极面对生活。

村民曾普秀独居在南济村小组,儿子外出务工,邓国凌每半个月走上几公里,捎上点日用品看看她,帮助整理一下卫生,聊聊家常;建档立卡贫困户邓起生因精神障碍独居,邓国凌定期帮他打扫房间,与卫生

## 逐 梦

↑ 严杭村村貌

室医生上门诊断治疗，安排照料伙食；贫困户彭金保患有胃病，细心的邓国凌一有空就带上面条上门看望，叮嘱少吃多餐……

邓国凌关心留守儿童，关注空巢老人，点滴之爱惠及民心，将心比心对待村民的每一件事，让党旗飘扬在群众心里。2020年新冠肺炎疫情防控期间，严杭村防疫物资缺乏，邓国凌带头捐助，短短两三天，就有近200人捐款捐物3万多元，其中还有38户脱贫户捐资4000多元。

### 当好产业发展的"领路人"

山中的兰花，一丛丛，一株株，星罗棋布，清香浮动，这是严杭村16亩兰花基地的写照。虽然规模不算大，但却在福建市场有着举足轻重的地位。

2015年，为了帮助村民闯出一条致富路，邓国凌带领村"两委"班子多处实地考察，小木耳大产业，一片叶子致富一方……各地依托本地特色发展产业。

他们回村后商讨，有村委会委员说："珠三角、长三角对兰花需求量很大，村里的兰花不知道是不是他们需要的品种。"一语点醒梦中人，村委班子成员一致同意发展兰花种植产业。

当得知要把村里随处可见的兰花草当成产品培养，有的村民认为这是异想天开，有的村民认为这是画饼充饥。邓国凌对此不以为然，他先是探寻各地兰花市场，然后把收集的图片展示给村民看，看到兰花售价的村民们将信将疑，陆续答应发展兰花产业。

有了村民的支持后，邓国凌大胆探索以市场选产业、以支部建基地、以合作社帮贫困户的办法，建起了兰韵种植合作社，通过"党支部＋合作社＋基地＋贫困户"的模式，吸收全村54户农户入社入股。即在基地创建中，突出村党支部主导地位；在经营管理上，突出合作社的市场化管理；在利益分配上，突出村集体和贫困户主导地位。

发展产业谈何容易，首先要找到合适的创业致富带头人。邓国凌把目光投向在漳州专门从事兰花种植管理的发小邓家林，他先是借着前去拜访的名义确认邓家林有能力，再晓之以理、动之以情地再三劝说。邓家林深知一旦同意，意味着长时间没有收入，但为了家乡发展，他也豁出去了。

产业要发展，巧妇难为无米之炊，最大难题莫过于资金来源。在筹建兰花基地时，材料已经进村，购买材料的钱却没有着落，供应商见状

↑ 邓国凌带头参与拆危拆旧和基础设施建设工作

要把材料拖走，邓国凌心想如果错过这次机会，又要再等，一定会错过种植季节。于是，他横下一条心，跟银行联系，准备以个人名义申请创业担保贷款20万。可妻子死活不肯签字，邓国凌软磨硬泡，才让她签了字，从银行办下贷款渡过难关。

以2个标准化温控大棚、3个普通大棚育苗为基础，逐渐形成16亩严杭兰花产业基地，其中下山兰品种6亩、大众兰花品种6亩、高档兰花精品4亩。为了拓展销售渠道，邓国凌以商标注册、电商渠道开拓和抖音带货等措施为抓手，采取"线上+线下"的销售模式。2019年，基地产值达246万元，入股建档立卡贫困户除基地务工收入外，户均分红3000余元。2020年，贫困户已分红27万余元，村集体经济收入也靠着基地分红达11.07万余元。

产业扶贫是稳定脱贫的根本之策和长久之计。从兰花产业中尝到"甜头"后，邓国凌先后在村里引导村民进行毛竹、油茶低改，发展稻花鱼、小黄牛散养等特色产业。2020年，他再次吸引更多群众参与到新兴产业中，新发展中草药瓜蒌种植产业100余亩。

如今，行走在严杭村村里村外，山上有瓜蒌、毛竹、油茶，山下有兰花、小黄牛、稻花鱼等，曾经落后闭塞的山村正在流金淌银。严杭村顺利脱贫摘帽，83户285人全部脱贫退出，邓国凌先后被评为乐安县"产业脱贫标兵"、江西省"新时代赣鄱先锋"和"全国脱贫攻坚先进个人"。

## 梦想，从东山燃起

简陋的宿舍、破旧的办公桌、一摞工作日记、一堆脱贫台账……不是在田间地头，就是在村组农家，本是九江学院教育工作者的谭翊泉，从扶贫干部到第一书记，再到村党支部书记，这一干就是9年。

曾经三面邻水、一面环山，出行难、就业难、增收难的东山村，在他的带领下东山再起。这些年，他为东山村争取项目资金1500余万元，改造道路8.9公里，改造危房34栋；建立了5个专业合作社、2个扶贫基地及2个村办企业，发展苗木、蔬菜、龙虾、皇菊等产业共计800余亩。同时，他在村里探索"旅游＋生态扶贫"的新路子，招引总投资1.3亿元的2个旅游项目推进全村田园综合体建设。东山村先后被评为"江西省文明村镇""九江市乡村振兴示范村"。

谭翊泉也先后获得"全国向上向善好青年""江西省2018年度脱贫攻坚贡献奖""江西省2019年度'五四'青年奖章""江西省2015—2017年度省派单位定点帮扶先进个人"等荣誉称号。

别在最好的年纪，选择安逸。谭翊泉在逐梦路上坚信，梦在脚下更在心中，唯有深深扎根于农村，方能茁壮生长。

逐 梦

### 从被质疑到受拥护

20世纪60年代,东山村还是个陆路交通便利的山村,这里406户、1568人,共有来自浙江、河南、湖北等16个省份107个姓氏的移民在此定居,曾经是武宁县最繁华的移民村。1973年,柘林水库蓄水,东山村村口的道路全部被淹没在库底,失去了交通优势。

半岛形的东山村,几乎没有出去的路。村干部去乡里开会,需要一大早起床,先要坐每天只开一班的船,花一个小时晃晃悠悠跨越柘林湖后,再走一个小时的山路,然后乘车,即便时间抓得紧,等到返家已是万家灯火。

外出坐船翻山再乘车,是全村过去唯一的出行方式。2015年,全村90%以上的住房都是破旧的泥土房,40户124人都挣扎在贫困线上,有劳动力的村民不得不离开家乡出去打拼。

那时,因第一书记退休,30岁的谭翊泉主动请缨接过重任,从驻村帮扶队员变成第一书记。起初,村民认为他不过是来镀金的"年轻娃",在村里干不长久。

彼时,谭翊泉整理思绪,从精准入户开始。刚到重度贫困户李大娘家,外面下着大雨,屋内地上摆满了接雨的脸盆、桶和茶杯,大大小小有10多个,发出"滴滴答答"的雨点声。李大娘的老伴身患癌症,半靠在墙角,眼神非常绝望。谭翊泉本想扶他到床上休息,结果发现被子也湿透了。看着谭翊泉,李大伯袒露了心声,他这辈子最大的心愿就是住几天不漏雨的房子。

为了实现他的愿望,谭翊泉在工作之余,往返于县住建局、扶贫办、九江学院……两个多月后,李大伯家的房子终于盖起来了。搬迁那天,李大伯喜极而泣,他含泪对着谭翊泉说:"感谢党,感谢政府,我的心愿了了。"住进新房 4 天后，李大伯就去世了，至此，李大娘的门口一直贴着一副对联，上联是"精准扶贫奔小康"，下联是"坚定不移跟党走"。像这样的危房改造户，谭翊泉改造了 58 户。

三面邻水的东山村，几乎没有路去县城，平日依靠坐船翻山再坐车，最少需要 6 个多小时。如何在水中修筑一条路，成为一大难题。刚开始用成本最低的土坝铺路，几番尝试之后发现土坝在水中无法固定，后换成大块石头，再用土来填缝。好不容易从两头磕磕碰碰修到了中间，又有了新的难题。水最深处达十多米，抛一个石头不一会儿就被冲走了。最后决定先用钢管在湖底打桩，然后再以石头固定，这样堤坝才逐渐修筑起来。

一条 200 米的村道，村民修了两个月。通路那天，村民都很开心，一位老党员拉着谭翊泉的手说："书记，四十多年了，我们终于有路了！"后来，谭翊泉又花了两年时间，修筑道路 7.8 千米，将整个村组的路网建立起来，并且把村道与高速公路服务区直通，让村子变成了一个大服务区。现在村民们开车去县城只需要 20 多分钟，整个村的经济也因交通的改变跟着发展起来了。经过大家几年的共同努力，村子变漂亮了，老百姓收入增加了，东山村于 2017 年底成功脱贫摘帽。

### 让东山村"东山再起"

2018 年初，东山村村民忧心忡忡，他们得知谭翊泉向组织递交了回校工作的申请。就在他即将离开的前三天，老支书向谭翊泉拿出一张白纸，上面密密麻麻写满了五十多个村民的签名。原来，全村 53 名党员在村"两委"换届选举中全票推选谭翊泉为村党支部书记。

看着白纸上面那些歪歪斜斜的签名，谭翊泉于心不忍，决定留下来。他仔细盘算着村里的资产：全村林地 2 万亩，水域面积 5500 亩，大小岛屿65个，永武高速横贯全境……村民却守着如画的风景富不起来。他看在眼里急在心里，召开"诸葛会"，与村民一起找原因、谋出路。经多方调研和论证，大家一致同意发展乡村旅游业，将东山村打造成"庐山西海滨湖第一村"。

"理想很丰满，现实却很骨感。"当村民们听到要打造"第一村"时，屁股还没有坐热，纷纷起身就走，头也不回地丢下一句狠话："不务实，还搞第一；嘴上没毛，办事不牢。"

于是，谭翊泉决定从保留比较完整的土坯房入手，将土坯房做成民宿。房屋主人原本答应了流转，可当他们得知有大投资时，便坐地起价，把投资方吓走了。

村民要发展现代农业，组建合作社必不可少。谭翊泉准备开发荒山，向村民募集7万元启动资金，可刚要启动项目，听到风吹草动的村民立刻就从理事会会长手上把钱拿了回去。

接二连三的打击，谭翊泉沉着应对，仔细思考缘由。为了更好地提升村民们的思维，他走进每个村民小组开展"春风行动、乡村振兴"宣讲。

2018年，官莲乡要举办农民运动会，各村要组队参赛。谭翊泉决定从此下手，邀请了许多在外地的年轻人回家。在这些年轻人的带领下，运动会空前热闹，有的参加比赛，有的到现场观摩。比赛第二天，村里就已经拿了13个单项冠军，篮球还闯进了决赛。

篮球决赛当天，许多村民从外地赶回老家为决赛助威，场上选手卖力，场下观众齐声吆喝，硬是把全乡数一数二的村打败，最终问鼎。在庆功宴上，谭翊泉说出了打造东山的构想。思路开阔的年轻人立马回应："谭书记，你说怎么干，我们就怎么干。我们在外地的都支持你，家里人的工作，我们来做。"

就这样，东山村重新启动了土地、房屋、库湾流转，仅仅用了4个

## 02 贡献典型

↑ 谭翊泉（左二）和乡亲们一起在大棚里劳作

月的时间，全村的土地基本流转了，流转率高达90.3%。全村发展起了530亩的传统果木业、310亩的现代果蔬业、730亩的康养文旅业，东山村村级集体经济实现了从2014年负债几千元到2019年年收入25.3万元的转变，村民人均纯收入从2014年的不足2400元增长到2019年的9600多元。

如今，随着产业的不断壮大，家乡的面貌焕然一新，村民纷纷返乡创业。谭翊泉组织18名村民募集资金5000万元，成立了江西西海滨湖乡村旅游发展有限公司。夏日庐山西海湖面上大小摩托艇往来穿梭，俊男美女尽情享受着水上运动带来的速度与激情。

### 抓住乡村振兴的"牛鼻子"

走进东山村，一条平坦的沥青路沿着庐山西海岸边宛若玉带一直通向村庄院落，一栋栋各具特色的乡村民宅掩映在青山绿水间，产业种植

↑ 谭翊泉（左二）指导农民种植

大棚连成一片，勾画出一幅唯美的田园风景图，这是人与自然和谐共生的样板。

要守住这个样板，还得靠基层党组织。从2013年的驻村工作队队员到2016年的驻村第一书记，谭翊泉始终把贫困户的事当作自己的事来做，把贫困户当亲人朋友来对待，有求必应，有应必答。他创新"三引三化"党建工作模式，帮助东山村党支部实现从软弱涣散的党组织到先进基层党支部的转变。

坚持党建规范化。东山村村"两委"建立了1300平方米的党员群众服务中心、12个党建宣传阵地和3个党建扶贫产业基地，村"两委"运行机制规范了，党内组织生活制度落实了，村级活动场所建设好了。

坚持党建项目化。东山村把村"两委"分成若干个小组，每小组对接一个产业，建立了3个专业合作社、2个扶贫车间和2个村办企业；540亩的"四季四园"生态农场、180亩的有机蔬菜基地、200亩的皇菊基地、50 亩的龙虾基地、160 亩的精品果园和 1 个皇菊深加工厂。

坚持党建网络化。东山村把党员分成 10 个党小组，力求产业服务网络化，主动塑造好党员在群众中的凝聚力、号召力和感召力。2015 年至 2021 年，东山村累计培养 13 名党员致富带头人，解决贫困户就业岗位 354 个，直接帮助贫困户人均每年增收 5000 多元。

有了党建引领，谭翊泉带领各组织深入挖掘各种资源：发挥九江学院科技扶贫、智力扶贫的潜能，连续七年累计选送 4500 余名学生开展暑期"三下乡"社会实践活动；连续七年开展送医送药活动，累计送医送药 18 余次；连续七年开展送文艺下乡活动，累计演出 25 场；连续四年协调学校安排 21 个二级单位党组织"一对一"帮扶 21 户；连续五年开展"微产业"帮扶，并组织工会开展消费扶贫活动，消费总额达 240 万元，贫困户年人均增收 6000 多元。

同时，谭翊泉还创造性地推进与其他单位协同扶贫，在他的争取下，东山村成为江西农业银行"惠农 e 贷"金融产品全省首个试点村。信用贷、产业贷让东山村 65 户农户受益，直接吸引 34 名乡贤返乡创业。

↑ **谭翊泉（左二）为村里直播带货**

村民纷纷给家里的房子做了改装，安了空调，还根据祖籍分别挂了"江苏人家""湖北人家""安徽人家""河南人家"等牌匾。民宿群沿湖建起，村民年均收入超过 8 万元。

置身东山村别样的希望田野上，农业强、农村美、农民富的未来近在眼前。这里是村，却像城。白天屋舍俨然，路面整洁；晚上灯火亮堂，游人徜徉。像城，却是村。房前屋后绿植四季常青，瓜果蔬菜飘香。

# 泥洋山上的那朵云

她跋涉了许多路,却总是围绕着大山;她吃了很多苦,但给孩子们的都是甜。奉新县澡下学校白洋教学点的支月英坚信:不是看到希望才坚守,而是只有坚守才能看到希望。

从"支姐姐"到"支妈妈"再到"支奶奶"。几十年来,人们对支月英的称呼一直在变,可不变的是她对乡村教育事业的笃定。从肩挑手提教学用具和生活用品步行10公里山路,到先后骑坏了6辆摩托车,她绚烂了两代人的童年,让20多名贫困家庭学生顺利完成了学业,培养了1000余名贫困山区的孩子,让一个个山里的孩童越过崎岖小路,走出葱郁大山,迈向辽阔未来,追逐美好梦想!

扶贫先扶志,治贫先治愚。支月英坚信,教育是一棵树摇动另一棵树,是一朵云推动另一朵云,是一个灵魂唤醒另一个灵魂。

*心中有光,就能照亮一片天地*

19岁那年,支月英来到奉新县澡下镇泥洋村小学支教,学校海拔近千米,地处奉新县和靖安县交界的泥洋山深处。

刚到泥洋村,支月英就发现,这里的条件比她预想的还要艰苦。当地距县城50多公里,人烟稀少,不通班车,下趟山仅单程就要花两个多小时,回趟老家得辗转一天。那时,学校的教室四面透风,操场一片荒芜。

妈妈心疼支月英,发出"威胁":"你要是去山里做老师,我一辈子不认你这个女儿!"甚至在临终前对她说:"下山吧,妈求你了!"

父母的心疼和不理解曾令她动摇。可当支月英推开教室门时,几十个孩子站在她面前,虽然他们衣衫破旧、小脸脏兮兮,但那一双双清澈明亮的眼睛里求知的渴望,紧紧地抓住了她的心。从那一刻起,她暗下决心,要做深山里的一缕阳光,用知识带领孩子们向前走。

每到晚上,大山里都静得可怕,伸手不见五指,只有风声、水声和不时的鸟兽怪叫声。为了避免在上山下山的路途中花时间,支月英以校为家,专注备课、上课、批改作业,把全部精力都投入到教学中。

每逢开学,她与同事步行10多公里的山路,把孩子们的课本、上课用的粉笔等肩挑手提运上山,她以苦为乐,爱岗敬业,快乐地呵护着孩子们成长。

当丈夫看到她被夜雨打湿的床铺和无处落脚的寝室时,怜惜又无奈地说道:"就你觉悟高,我配不上你。"

衔环结草,以报恩德。山花开了,学生为老师采去最香的一束;山果熟了,学生送给她最甜的一捧;生病时,学生把鸡蛋从家里送到支月英手里。

学生们有情,乡亲们有义。于是,支月英把乡亲当成了亲戚,把学生当成了自己的孩子。"我觉得我不是你的孩子,那些山里的娃娃才是你的孩子。"曾经,深感自己被冷落的女儿这样对她哭诉。

白洋村村民李雪春曾是支月英的学生,回忆起老师的点点滴滴,他记忆犹新。离家很远的孩子,支月英总是一个一个地送回家,每天如此。

## 逐 梦

一个下雨天，支月英带病护送学生。由于山路泥泞，她一不小心从陡坡上滑下，掉进了山谷。学生们吓得直哭喊："老师，您怎么啦？"支月英不顾浑身是泥，手脚鲜血直流，一边安慰着学生一边爬上小路，继续送他们回家。

不记得多少次风吹雨打；不记得多少次打着手电筒在山路上独行，支月英被突然出现的野兽吓得哭喊"妈妈"；不记得多少次摩托车坏在路上叫天天不应、叫地地不灵……

一段时间后，在月黑风高的山沟里，支月英拿着手电筒就可以畅行无阻地走夜路；春雷秋风的深夜，没有电灯，她就自制煤油灯或买来马灯，昏黄的灯光伴着她，她与山川、草木、星空对话，看柳枝抽条，听秋虫呢喃。

借着这束光，支月英把知识的火种埋进孩子们的心里，点亮他们启智之路，照亮他们出山的路。一年又一年，从"支姐姐"到"支妈妈"，再到"支奶奶"，无数次有人问她："支老师，你会走吗？"支月英总是回答："我走了，孩子们怎么办？"

"孩子们怎么办？"带着无尽的反问，支月英在大山里度过了40个春秋。日复一日，她站立讲台，一低头，一抬脚，就是岁月的起伏。一个木制讲台，硬是被粉笔染白，宛如一台明灯，照耀着支月英从青丝变成花白的麻花辫。

40年，两代人，支月英启蒙了1000多个孩子，让他们在深山成长，走出大山，实现自己的梦想。

### 搭建育人阶梯，让爱心更具深度

刚到山里教书，只有3名学生。一个偌大的村庄，怎么可能只有3名学生？

## 02 贡献典型

↑ 支月英在上课

"女孩子，总归要嫁人，读什么书？""家里穷，读不起了，读不读都一样。""孩子读不读书是我家里的事，你管不着！"……海拔千米的泥洋山阻碍人们的出行，更禁锢了他们的思想。

知识改变命运。支月英带着倔强走进农户家，一天不行两天，两天不行就三天，周而复始，山里人终于"开化"。渐渐地，班里的学生多了起来，但她发现，仍有孩子无故就不来了。

山里人家穷，是辍学的主要原因。学生刘强家里很苦，吃饭都是问题，爷爷又患重病，他父亲向亲戚朋友借了个遍，仍是没凑够学费。在老师面前承诺上学的刘强，躲在山里哭了起来，支月英循着哭声，找到刘强并送他回家。支月英对刘父说："不管怎么样，读书是大事，我的学生，一个都不能少。"说着，她从口袋里掏出几十块钱塞给他。刘强父亲含着眼泪接过了钱，对着支月英深深地鞠上一躬。

## 逐 梦

20多年了,这一幕始终印在刘强的脑海里,不能忘怀。大学毕业后,他在一家公司当白领,生活幸福。他说,没有支老师就没有今天的他。一直到现在,他还称呼支老师为"支妈妈"。

在山村,女孩读书难,难于上青天。聪明伶俐的刘雪梅因父母离异,跟着爷爷奶奶长大,祖辈对女孩读书非常排斥,一直到十岁,小雪梅还没上学。支月英知道这一情况后,带着老师连夜登门拜访,故事讲了一个又一个,道理说了一遍又一遍,刘雪梅终于上学了。至今,刘雪梅仍然感谢支老师的启蒙之恩。

好的教育就像是春雨,无声无息地浸润着孩子的心。一茬又一茬的学生在支老师的教育激励下,走出大山,成为了本科生、研究生,在各行各业发光发热。

彭小红是从泥洋小学走出来的第一个大学生。刚入小学时,由于父母疏于管教,彭小红总是不交作业,成绩一塌糊涂,家长也不管不问。支月英看在眼里记在心里,一次又一次地引导鼓励,让彭小红早点顿悟,又不厌其烦地上门家访,给彭小红父母传授教育方法,每天盯着她提问、按时完成作业、订正,帮助她改掉坏习惯。养成了好的学习习惯,让她脱胎换骨,从此变成了爱思考、学习专注的"三好学生"。

在支月英教育的第一批学生中,喊她"支姐姐"的廖作英耳濡目染,一路逆袭也成为老师。后来,她的女儿涂莎也成了支月英的学生,如今,她们母女俩都站上了讲台,与支月英一样成为光荣的人民教师。

"支老师是我的启蒙恩师,现在的我也成了一名光荣的教师,我会像支老师一样,爱护我的孩子们,希望他们以后成为栋梁之材。"廖作英说。

"她用真心对待山里的每一个孩子,通过教育改变了山里面每一个孩子的命运,她是我们的恩人。"学生家长李士礼说。

"教育扶贫，温暖人心"，教育的阳光雨露照亮滋润了每一个学生的心田。支月英对山区教育事业的奉献，也深深感染了身边的人。白洋村村民李霞主动从广东返乡，来到白洋教学点当代课老师。李霞说，从支老师身上看到了一名共产党员对事业的忠诚，一名人民教师的责任担当。

还有人说，支月英是泥洋山上那朵云，是她护佑着泥洋山上的村民，是她呵护着村里的孩子。在她的无私奉献下，没有一个孩子辍学，是她让他们走出山村，让脱贫致富的梦想照进现实。

在细微处着眼，让爱心更具宽度

从20世纪80年代开始，无论是泥洋小学还是白洋教学点，学校教师像走马灯一样换了一拨又一拨。谁也不知道支月英能待多久。

只有支月英自己知道，她和她的家为山里的孩子付出了多少。

由于支月英身患高血压、甲减等疾病，从2003年起，上级教育部门多次要给她调换工作岗位，都被她婉言谢绝。

长期超负荷工作，支月英身体欠佳。2006年因视网膜出血，她的一只眼睛几乎看不见东西。她的一只耳朵也曾被虫子钻了进去，虽然想办法取出来了，但是由于长期在山区上课而错过了最佳治疗期，造成了一只耳朵失去听力。

丈夫蔡江宁在骑车护林途中，连人带车翻倒在山路上，摔得头破血流。为了不让在学校上课的支月英分心，他独自到医院缝针。当支月英从学校回到家里，望着鼻青脸肿的丈夫时，眼泪一串一串地往下流。

有一次，女儿蔡翾突然生病，支月英把学生挨个送回家后，才背起高烧不止的女儿上医院。有人问蔡翾，想不想让妈妈离开大山？蔡翾的眼眶湿润了："妈妈在大山里教了40年的书，要让她下山，她会受不了的。"

山里的学校，办学条件非常有限。为了解决白洋教学点校舍破旧问

## 逐 梦

题，上级教育部门决定新建校舍，支月英就起早摸黑，一边教学，一边照料施工，帮工人做饭，甚至将丈夫也拉来帮忙。整个暑假，支月英都是在校建工地度过的。一栋崭新的教学楼拔地而起，校门口拱形镀金的"白洋教学点"几个大字，在阳光下闪烁着光芒，操场上孩子们穿着漂亮的校服。乡亲们看到这所新校园，感动不已。

以前，她在几块木板拼成的黑板上写字，疙疙瘩瘩稍有不慎就会伤到手指，遇上雨天，木板受潮，粉笔写上去，只留下一道道模糊的痕迹。如今，触控笔、智能电子白板等成了课堂新装备，手指轻轻一点，图片、视频悉数弹出，山里娃享受到了互联网上的教学资源。

以前，孩子们翻山越岭来上学，一路上泥泞不堪，支月英在教室门口专门备了一块铁片，让孩子们刮了鞋子上的泥巴再进教室。如今，宽敞的水泥路延伸到了每一个村民小组，孩子们的上学路更加安全通畅。

↑ 支月英讲述自己的经历

以前，学校操场是一片光秃秃的砂石地，学生们只能跳皮筋、丢沙包，课余生活很单调。如今，塑胶跑道进校园，体育设施应有尽有，孩子们可以打篮球、踢足球、打乒乓球。

以前，孩子们因家里穷，交不起学杂费。如今，"两免一补"政策消除了困难家庭的后顾之忧，"营养改善计划"让娃娃们吃上热腾腾的免费午餐，越来越多的山里娃带着自信走进学校。

2018年，作为全国人大代表的支月英提出了《关于国家义务教育阶段教育精准扶贫政策修改意见》，建议将"义务教育阶段非寄宿生纳入生活补助范围"，2019年，建议被采纳并落地实施。根据这个政策，无数贫困户家庭的孩子享受到每人每年500元的困难生活补助。

正如支月英在报告中所说的："脱贫攻坚是一场伟大的战役，我有幸成为一名战士，能为教育扶贫出力，作为一名乡村教师，感到无上光荣！我将用一生的坚守，托起山里孩子的未来，让他们都有出彩的机会。"

## 漫漫扶贫路上的"警察蓝"

择一事而终一生,不为繁华易初心。在鹰潭市公安局交警支队有这样一位公安民警,23年间,他奔波在文坊镇虹桥村、龙虎山镇豪岭村、马荃镇红岩村、潢溪镇朝阳村、锦江镇光荣村、锦江镇黄壁村,先后在6个村委会49个村小组开展驻村扶贫,还在9个村小组开展新农村建设。在这些村,他的名字——陈正山,在不经意间落下印迹,在这些村的沟沟壑壑静水深流、细水长流。

四季轮回,花开花谢。他干在实处,尽显责任与担当,不索拿卡要,不拖拉推诿,不敷衍了事,先后争取扶贫款490余万元,支持贫困村基础设施建设。扶贫扶志,脱贫路上信心足。他真心真情真扶贫、扶真贫,帮助130余户村民发展产业,如今已有20多户村民成功创办加工企业、休闲山庄以及特色果业,激发贫困户脱贫斗志;他心中有爱,个人捐资20余万元长期帮助6户特困户和9名贫困儿童返校读书。

感人心者,莫先乎情。他将心比心待群众,赢得贫困村民的信任和支持;胸怀一片情,他点点滴滴解民忧,真心为民赢真情;头顶一份责,他宝刀虽老初心不改,真情帮扶尽显赤诚之心。在扶贫路上交出了一份满意的"扶贫答卷"。他2次获得"江西省新农村建设先进个人",先后获得"感动鹰潭年度人物""鹰潭十大爱心人物""江西省脱贫攻坚奖贡献奖""鹰潭最美退役军人""江西省模范退役军人"等荣誉,2019年12月登上了"中国好人榜"。

### 走在前面,干在实处

1998年,陈正山时任鹰潭市公安局交警支队副支队长,可谓春风得意。组织有意派他担任驻村扶贫工作组组长,他欣然接受并只身来到山沟里,那一年,他51岁。

扶贫第一站便是贵溪市文坊镇虹桥村。地处偏僻的虹桥村,当时仍有6个村小组未通电,用上电灯是村民的迫切愿望。陈正山想群众所想,干的第一件事,就是筹资买来电线杆,仅两个月就让村民告别了煤油灯。"扶贫不能只停留在嘴上,而是要落实在行动上,用真心为村民解决困难,"陈正山说,"驻村,就要住在老百姓的心里。"

↓ 陈正山(右)与村民一起放牛

## 逐梦

2001年，转战龙虎山镇豪岭村时，陈正山为了方便村民联系自己，便为乡亲印了800张"警民联系卡"，这个做法在江西省还是第一次。同时，在与村民的交流中，陈正山得知他们的灌溉难题，于是多方筹集资金兴建水渠，解决了60多亩农田的灌溉问题，这条渠被豪岭村村民赞为"警民渠"。

贵溪市滨江镇金沙村村民李才有和妻子残疾又患病，是村里的建档立卡贫困户，他们既没有技术还没有劳动能力，如何摆脱贫困成为陈正山不得不逾越的坎。在与李才有的聊天中，陈正山推荐他可以养牛，李才有虽然接受，但苦于没有钱购买种牛。陈正山向鹰潭市公安局交警支队申请了6000元，为李才有购买了一头母牛。如今，养牛成了他家稳定的收入来源，母牛每年生产一头小牛犊，每年都有近万元的收入。

对金沙村村民的帮扶，不只体现在李才有一户。金沙村地处信江河畔，连年洪涝，致使村民不敢从事规模种植业。村里水系发达，河畔水草丰茂，村民习以为常，当陈正山驻村后，他开始引导金沙村村民发展黄牛养殖业。现在，全村已养600多头牛，成为远近闻名的"牛村"。"没有陈书记的引领，就没有今天的好日子。"村民看到村里的特色产业蓬勃发展，一致认为是扶贫干部带领他们找到了致富路。

与陈正山接触的村民，感觉他就是一个地地道道的"农民"。虽然陈正山家在市区，他大多时间与村民"同吃同住同劳动"，家中的事情很难顾上。妻子几次生病住院，为了不耽搁村里的脱贫事业，他总是白天在村里，晚上回来陪伴妻子……

2008年，陈正山已经退休，孙子出生才几个月，儿子、媳妇在外工作，妻子身体不好，家人都劝他回家休息，含饴弄孙。"我知道家人需要我，但是群众更需要我，我是一个共产党员，组织信任我，希望我继续工作，我就要坚决服从。"陈正山说。

**02 贡献典型**

↑ **陈正山（右二）做民情调查**

朋友们也劝他该歇歇了，但陈正山总是说："我喜欢和农民在一起，看到贫困户脱贫，心中就高兴。"

扶贫又扶志，授人以渔

授人以鱼，不如授人以渔。在脱贫攻坚这条荆棘密布的道路上，只有消除"等、靠、要"的思想，充分调动起贫困户的积极性和主观能动性，才能治贫治愚，彻底摆脱贫困。

鹰潭市余江区锦江镇黄壁村的徐细毛，因右手残疾难以下地务农致贫，50多岁仍是个"四无"的贫困户。陈正山第一次走访他家时，进门就看到三四十只鸭，人鸭混居，家里湿漉漉的，床边堆放着一些酒瓶。可谓致富无门，脱贫无望，生活无精打采。

在聊天中，陈正山得知徐细毛以前养过鸭子，于是动员他重新养鸭子。2015年，陈正山筹措4500元钱，买来1000只鸭苗和饲料。徐细毛就这样被老陈重新逼成了"鸭倌"。半年后，徐细毛的1000只鸭子出栏，除去各种开支，净赚了3000多元，这下徐细毛信心十足了。

与此同时，驻村帮扶队通过帮扶单位捐款和申请补贴等方式筹资7万余元，为徐细毛修缮了房屋，并在旁边建了个小鸭棚。徐细毛更有干劲了，养鸭规模不断扩大，1000只，2000只，3500只……2018年，徐细毛养了8300只鸭子。"收入超过6万元。"徐细毛笑着说。2021年，他计划饲养1万只鸭子，村民都叫他"鸭司令"了。这个被老陈逼出来的"鸭司令"2018年组建成立了徐细毛生态养鸭专业合作社，带着村里6个贫困户一起养鸭子，昔日贫困户成为当地有名的致富带头人。

扶贫先扶志。在扶贫工作中，陈正山坚持立足实际，真心真情真扶贫、扶真贫。2001年，为了帮助豪岭村退伍军人周长青摆脱贫困，陈正山动员他学习葡萄种植技术，帮助他筹集资金，最初建了5亩葡萄园，成为龙虎山种植葡萄第一人。多年后，周长青的葡萄园已扩大到80亩，年收入30余万元，他还做起了苗木供应和技术指导，带动了周围60多户农民致富。依托龙虎山旅游业发展，陈正山帮助村民周永仁建起了生态农庄，现在农庄每天都能接待100多名游客。在周永仁的带动下，而今，豪岭村已有十多户农户建起了"农家乐"，村民收入明显提高。

在文坊镇虹桥村，陈正山向农技部门引进技术，引导10户村民种雷竹，经济效益显著，如今该村雷竹种植面积已达500余亩，成为全市有名的特色产业；村民熊义江想办企业，但没有启动资金，陈正山帮助他申请扶贫贷款，创办木竹加工厂，由于管理得当，企业不断发展壮大，成为当地有名的创业致富带头人。

帮助一人致富，带动一群人脱贫。据不完全统计，20多年来，陈正

## 02 贡献典型

山帮助130余户村民发展产业，其中包括40多户脱贫户。2021年已有20多户村民成功创办加工企业、休闲山庄以及特色果业等。

### 驻村驻身更驻心

都说邻里如亲，童叟有依。对于帮扶干部，是驻村驻身更驻心，有一种感情叫不是亲人却胜似亲人。

陈正山常说："做好扶贫工作，要有责任心，更要有爱心。"1999年，他在虹桥村扶贫时，结识了重度残疾的村民冯道根，从此，陈正山经常上门，给冯道根送米送油送菜……即使离开虹桥村后，陈正山仍然牵挂着冯道根，修通水泥路，帮他办理残疾证，送去一辆电动轮椅等。在新中国成立70周年之际，陈正山特意把冯道根从山村接到鹰潭市区，让他坐着车子看鹰潭市的发展变化。在冯道根心中，陈正山比亲人还亲。

↑ **陈正山（中）与村民在田间**

## 逐　梦

对于马荃镇杨柳畲族村脱贫户庄水林来说，陈正山就是他的亲人，在过去的十几年里，陈正山每年都要探望庄水林十多次。在庄水林心中，陈正山比亲人还亲。2006年3月初，陈正山第一次进村，他看到一个小女孩在村里跑来跑去。小女孩是庄水林的女儿，名叫庄翌芸，当年10岁，正是上学的时候，她却不在学校。村干部直摇头，把陈正山带到庄翌芸家中。庄水林一家四口人有三个是残疾人，每天度日如年，吃饭都成问题。"如果小女孩不能上学，这个家庭真的脱贫无望。"陈正山当天下午便把小女孩送进了学校。

此后，陈正山成为庄水林家里的常客，经常送米送油送菜……有了陈正山的帮助，庄水林家的生活条件有了很大改善。2009年，陈正山圆满完成扶贫任务即将离开畲族村了，他最放心不下的就是庄翌芸，因此每年都会来看看庄翌芸，尽力帮助解决困难，并帮助卖鸡卖粮卖红糖，以增加收入。2018年庄翌芸大学毕业后成为一名教师，每月工资3000多元，家里也顺利脱贫了。

2019年放暑假的前一天，鹰潭中山学校召开家长会。和以往一样，陈正山作为学生小谢家庭的帮扶干部，又代替他的爷爷奶奶来开家长会。这已经是他第八次参加小谢的家长会了。

小谢家在贵溪市滨江镇金沙村，父亲在他5岁时就因病去世了，母亲一直在外，很少回家。小谢因此跟着80多岁的爷爷奶奶生活。当得知老人最大的心愿就是陈正山能够帮忙照顾好孩子时，2017年9月，陈正山决定将小谢转学到鹰潭市的中山学校。开学时，陈正山特意给他买了几身新衣服。孩子进入中山学校后，住在学校，生活稳定，学习进步很快，年年拿奖学金，还被评上了"三好学生""优秀班干部"。

家长会上因为小谢成绩优异，学校安排他作为学生代表发言。小谢说："感谢党和政府的好政策，感谢帮扶干部的关心，感谢社会各界的帮

02 贡献典型

↑ 陈正山（左）与村民一起劳动

助，让我能够在这里安心学习，快乐成长。"小谢肺腑之言，是对陈正山的最大肯定。大音希声，大爱无言，这样的事情还有很多……

欲问秋果何所累，自有春风雨潇潇。这是一位老党员、老军转、老警察、老扶贫人的坚守，只为那份沉甸甸的责任，那发自肺腑的诺言："不获全胜，决不收兵。"

## 脱贫攻坚战场上的纪检"老兵"

沿着 206 国道来到鹰潭市余江区锦江镇范家村,粉墙黛瓦的楼房、宽敞平整的公路、纵横交错的栈道映入眼帘,很难想象这里曾是省级"十三五"贫困村。

"村里能有现在的样子,多亏了省纪委省监委这些年持续帮扶,更要感谢驻村第一书记方建新 900 多个日夜的辛勤付出。"范家村党支部书记范兵亮深情地说。

2020 年,范家村集体经济收入突破 30 万元,脱贫户每户可获得产业分红 5000 元,其他村民每户增收近万元。范家村先后荣获"全国乡村治理示范村""国家森林乡村"称号,该村脱贫攻坚成果还入选了"全国脱贫攻坚优秀案例"。

### 从"一盘散沙"到"一呼百应"

位于信江河畔的范家村,村民曾经遭遇血吸虫病,人口锐减、田地荒芜。2015 年以前,村里家家建猪栏、户户搭牛栏,全村污水横流、蚊蝇满天飞……

面对如此的范家村,"你作为省纪委监委选派的扶贫干部,打赢脱贫

## 02 贡献典型

攻坚战是一项必须完成的政治任务,要稳稳地接过前任驻村第一书记的接力棒,沉下心、俯下身,同人民群众想在一起、干在一起……"方建新想起省纪委监委领导的殷殷嘱托。

为了找到问题症结,方建新入户走访老党员、村"两委"班子成员、群众代表、致富能手、贫困户,与他们交心谈话。到村的第一天,方建新来到老村支书范星球家,促膝长谈后老范逐渐打开了话匣子。

↑ "全国脱贫攻坚先进个人"方建新

以前,范家村开大会,会场上打架吵架的事时常发生,有一次投票选举村"两委"干部,因为矛盾重重,竟有村民把票箱扔掉;党员开会,村里发个通知要付"工资",每次20块钱……

2015年以来,在省纪委省监委派驻的工作队帮扶下,范家村有了很大改善,调整了软弱涣散的村"两委",但由于历史欠账较多,贫困根源没有得到根本解决。

找到了问题症结,就要有解决的办法。方建新决定从村"两委"和党员队伍入手,将原来渔业党支部和农业党支部合并为范家村党总支;倡导开设村党员微信平台,通过大喇叭广播、黑板报和"夜学充电、村民夜话"等活动,破解党员农忙时期的参学难题;积极发挥党员、群众代表监督作用,严格落实党务、村务公开政策,把基层"微权力"置于阳光下运行。

党组织的影响力、凝聚力和战斗力强不强要靠实践来检验,解决好涉及村民切身利益的难题,胜过百遍千遍大道理。

2018年，位于206国道旁的范家村，先后发生5次交通事故。53户菜农又不得不出入这个路口，他们每天提心吊胆。面对此情此景，方建新提出修一条13公里直通锦江镇的村级公路，这一提议得到村民的赞同。

可是筹集资金成了压在方建新心理的"石头"。他原本以为，采取"上级部门争一点、村民筹一点、乡贤捐一点、挂点单位帮一点"的办法筹资可行，可是这条公路没有规划，更没有被纳入全区建设计划，到上级部门申请资金处处吃"闭门羹"。

当村民看到上级部门不支持，他们自然也不愿意出钱。连续跑了一个多月，方建新与其他村"两委"干部都无功而返，部分村干部的思想也开始动摇。

做事要一鼓作气，方建新在深夜无数次劝说自己，"纪检干部要有韧劲，纪检干部要有定力""我是为村民做事，我就没有啥思想负担"。白天，他"缠着"区政府分管领导帮忙协调，"黏住"相关部门要资金；晚上，他组织召开党员大会、村民小组会，发动群众集资筹劳。同时，他还千方百计联系乡贤，一一交谈，请他们支援家乡。两个多月的努力没有白费，这是他这辈子最难"借"的钱，230万元的建设款也让他记忆犹新。

站在村口，看着公路一天天变长，就像看着自己的小孩一天天"长高"一样，村民奔走相告、喜笑颜开。看到这一幕，方建新的泪水湿润了眼眶，他明白这是一条民心路。

顺着这条民心路，方建新向"两不愁三保障"进发，建设范家村卫生室，推行1元钱看病，每年2次义诊和体检活动；创办村级物业服务公司、假日学堂和乡村幼儿园，解除村民后顾之忧；成立农村"养老互助中心"，村里70岁以上老人吃上了"大锅饭"；开展省级乡村森林公园试点，种植绿化苗木1万多株，修建凉亭8座，文化长廊6处……

## 02 贡献典型

一个个实实在在的举措为村民带来实实在在的获得感，方新建深得群众信赖。

### 从"要我脱贫"到"我要脱贫"

要让贫困户有稳定的收入，村民有就业岗位，村里必须要有一批能叫得响、立得住、群众认可的硬招实招。

2018年10月，方建新联系乡贤范佳明，在老家开设扶贫车间，解决9名贫困人员和25名村民的就业，且每月基本工资加提成近3000元。没想到的是，村民"三天打鱼、两天晒网"，仅坚持一个月就不干了。

如何调动村民干事创业？如何树立"我要脱贫""劳动最光荣"的理念？方建新募集万余册科普读物、科普挂图，挨家挨户发给村民；开设村广播答疑、科普大讲堂，邀请各方面专家到村里讲座，编著出版图书《中国家风家训家规》，编写《脱贫故事集》，播放《范家村嬗变》主题片；

↓ 方建新（左四）在田间劳动

## 逐梦

建立农村首家红色电影院,每周开展一次红色电影义务放映活动,成立广场舞队、合唱团,经常性地开展文艺活动。

文化润物细无声,村民不再因循守旧,"怎么种地能够增产增收?""干什么能赚钱?"经常成为村民的热衷话题。方建新顺水推舟,鼓励村民发展传统优势产业——绿色蔬菜种植。

为组织村民抱团发展蔬菜产业。方建新通过咨询扶贫政策、开展调查研究,组建由致富带头人范建辉和村干部、党员组合而成的范家村金辉绿色蔬菜种植合作社,先后筹措资金100万元,产业贷款100万元,流转土地1000余亩,贫困户、村民自愿参与入股,承诺每股每年分红不少于10%。

为发展合作社,方建新不仅当起了蔬菜"技术员",还当起了蔬菜"推销员"。他钻研浇水、嫁接、种养等技术,与合作社成员在小区摆菜摊子,前往农贸市场调研了解各种品种价格,与大型连锁超市、酒店签订供销合同,销路越来越宽。同时,方建新召开股东大会民主推选出合作社理事会和监事会,规范运行管理,定期公开财务状况,主动接受社员监督,确保公开、透明、有序。如今,范家村100多个标准化钢架大棚里蔬菜长势喜人,每个大棚年产各种蔬菜8000多斤,总产值达200多万元。

有了产业的牵引,方建新把发展投向了新农村建设和村集体产业。方建新争取资金700多万元,对信江河范家段江堤进行硬化、美化、亮化的改造,建成"红色文化园""四季六景湾";他向帮扶单位申请扶持资金280万元,鼓励村民参与现代化养鸡棚建设;与区林业部门整合近千万元资金,村民积极将200多亩山地入股瑞泰绿色生态发展有限公司,打造精品果蔬种植采摘、主题餐饮、观光旅游、特色民宿与森林康养于一体的综合性生态科技园。

90多岁的脱贫户张贵娥，老伴多年前去世，女儿嫁去外地，一生经历坎坷。方建新一有空就去她家帮忙做事，没事陪她聊聊天。她见人就夸方建新："这个孩子有孝心、能吃苦，啥事儿都帮着办，真是党派来的好干部！"

有一天，张贵娥满心欢喜地告诉方建新："党和政府的扶贫政策真是好，现在坐在家里都挣钱，我现在是'万元户'啦！"她掰起指头算起来：村办绿色蔬菜产业合作社分红2000元，村办光伏发电产业分红3000元，五保户政策收入4000元，90岁以上老年人补贴1000元，再加上医保、养老保险这些，收入已过万元。看着老人幸福的样子，方建新也笑了。

### 从"落后村"变成"团结村"

房屋漂亮了，村庄也变美了，但村民垃圾乱丢乱扔、杂物乱堆乱放；邻里之间不够团结，哺育小孩、孝敬老人还有欠缺。

因为村里青壮年大部分都外出务工了，方建新从村里妇女入手，他找到村舞蹈队领队范桂香，提出成立女子志愿队的想法。范桂香说："你从南昌来到农村，和我们吃住在一起，田间地头、风雨兼程，带领大家致富奔小康，我们服你，愿意跟着你干。"不到半年，这支志愿队伍壮大到68人，年龄最大的72岁。

女子志愿队的服务内容从村庄路面清洁，到照顾留守儿童、空巢老人，哪里有需求，哪里就有她们的身影。孤寡老人范大爷，因一次手术后瘫痪在床，生活无法自理，屋里臭烘烘的，方建新带领女子志愿队轮流帮他清扫。汛期，女子志愿队冲锋在前，吃住在堤上，她们与方新建一道冒雨巡逻、排查隐患。

2020年2月，新冠肺炎疫情来袭，女子志愿队又一次挺身而出，踊

逐 梦

← 方建新（右）与村民一起做手工

跃争当抗击疫情的志愿者。范员秀是一个建档立卡贫困户，也是女子志愿队队员，她儿子车祸去世、儿媳妇改嫁，独自一人照顾3个不满10岁的小孩。她不顾村民的劝告，积极投身战"疫"，她说："作为贫困户，我享受到了国家的政策，让我的生活越过越好，人要懂得感恩。现在国家发生疫情，我要尽一份力！"

人心齐，泰山移。村民被发动、组织起来，迸发出无穷的智慧和力量。如今，范家村成为远近闻名的"明星村"。2019年，村里建起现代化养鸡棚，年养殖土鸡10万羽；2020年，范家村联合余江区林业局、城投公司，流转1000亩山林土地，种起了太秋甜柿、木姜叶柯……

# 03

## 社会典型

## 跨世纪的"橙"缘

喝水不忘挖井人，吃脐橙不忘栽树人。

作为脐橙种植面积世界第一、年产量世界第三、全国最大主产区的赣州，不会忘记被誉为"赣南脐橙第一人""赣南脐橙的袁隆平"的袁守根。

赣州与脐橙因他结下不解之缘。1971年，袁守根引进华盛顿脐橙苗，像呵护孩子一样试种栽培，当培育成功后，他毫不吝啬地把技术推广至赣州全市，令赣州市成为全国脐橙种植面积最大的地区，并获得"赣南脐橙地理标志"……这就是赣南脐橙的前世今生。

赣南脐橙是一棵"致富树"，赣南果农年人均收入9360元，70多万果农因此增收致富，同时还解决了100万农村劳动力就业的问题。

赣南脐橙是一棵"当家树"。"赣南脐橙"成为家喻户晓的特色农产品，令赣州走出一条符合赣南山区特色农业经济发展、依托优势产业助力脱贫攻坚的新路子，带动了生猪养殖、交通物流、包装广告、采后处理、贮藏加工、农资服务等关联配套产业的发展，果业产业集群总产值突破20亿元。

从引种赣南脐橙，到带动脱贫攻坚，再到助力群众增收致富，袁守根用初心走好新时代的长征路，谱写脐橙产业高质量发展的新时代奋斗篇章。

### 从华盛顿脐橙到赣南脐橙

1941年出生的袁守根仿佛被赋予了神圣的使命，父母给他取名"守根"是希望他坚守脚下的土地，不忘自己的根，没想到竟预示着他与树结下的不解之缘。

20世纪60年代，袁守根被分配到信丰县农林垦殖局下面的林场，由于他喜欢研究柑橘，便成了县园艺场技术员，就这样踏入赣南山区，从事育苗造林工作。

在林场，袁守根发现当地的果树只有梨、桃等，并不能给农民带来多少收益。他想到老家盛产蜜橘，于是前往浙江各地找寻种苗，从温州带回1000株蜜橘苗，引领26名农民开山种橘，蜜橘苗郁郁葱葱，长势喜人。

这让信丰百姓尝到了种水果的"甜头"，几年时间，蜜橘果园的面积就达到了100多亩。在此基础上，信丰县又平整出600亩山地作为试验田。袁守根从湖南邵阳捎回了200株华盛顿脐橙苗，为方便管护，他把试验田选在宿舍区对面的小山头上，并对脐橙苗进行分类编号，这样既可以随时观看，又方便记录幼苗施肥、开花、生长的情况。

200株苗就像200个宝宝，袁守根一有空闲，就去看看脐橙苗。每次去都会带一根尺子，量身高、测胖瘦，有时他还对着树苗说说话，点滴记录让他对这些生命有了更深的了解："脐橙漂洋过海而来，首先要解决水土不服的难题。"

袁守根守着寂寞，也守住了那期待的成绩。1973年，200株种苗"宝宝"有156棵长大并成功挂果。次年，脐橙树竟然挂了400斤果：有的树结一两个，有的结几十斤；有的果大，有的果小。袁守根没有被眼前的果实冲昏头脑，而是认识到自己仍是脐橙种植的"门外汉"。又过了几年，袁守根跟踪得更勤了，除草、施肥之后，脐橙越发精神了，脐橙果个大饱满。

1976年4月，袁守根从园艺场脐橙树上摘下20个脐橙选送广交会参展，受到广大客商青睐，从此越来越多商家询问信丰脐橙，信丰决定把脐橙从试种向规模化种植拓展。

大规模种植谈何容易？种苗从何而来？袁守根与同事们四处"取经"，在重庆的中国农业科学院柑橘研究所学习时，为了抢在开春之前将技术学习完成，袁守根与两名工人在当地过年并全流程学习嫁接技术，学完后又马不停蹄赶往信丰指导其他工人种植。

1977年，在省外贸公司的组织下，信丰县再次选送增产后的1000公斤脐橙发往香港，当时每公斤卖到了36港元，已经超过了华盛顿脐橙的价格。此次俏销，引起了国家的重视，他们派人到信丰考察后，与县里协商扩种到2万亩。

再次扩种虽好，但是经费从哪里来？袁守根有喜有忧，种植脐橙不仅需要大量的人工，还需要大量的土地。袁守根提出，可以雇佣工人在林场砍伐，把开垦出来的土地用来种脐橙。同时，信丰县组织各乡镇民兵肩扛背挑，用锄头铁锹等农作工具"大会战"，开垦平整出6000亩脐橙种植土地，名为"信丰县脐橙场"。

有了基地，技术更要赶上。1979年，袁守根跟随国内专家赶赴西班牙、美国多地考察脐橙种植产业。当看到美国集约化、规模化的种植，并大量使用农业机械，搞精准化种植时，袁守根暗下决心，自己一定要学到精髓，造福百姓。

认识到差距后，袁守根取长补短，加密观测并记录数据，准确掌握脐橙的物候期。袁守根挺过最艰难的时候,结合实际情况,反复改良技术,总结出了控制夏梢、提高脐橙着果率等好经验好做法。

### 小小的脐橙,大大的致富产业

"一棵脐橙树,相当三头猪。"经过长期跟踪测算,袁守根与同事发现脐橙树是不折不扣的"摇钱树"。一棵4年树龄的脐橙树年产量在50公斤左右,每亩种植脐橙50株,亩产可达2500公斤至3000公斤,脐橙树的寿命长达40至50年,经济效益十分可观。

彼时,40多岁的袁守根正是年富力强的时候,在育苗育种研发上颇有建树。当时单位有意推选他进入机关,他却选择脚踩布鞋,踏遍赣南山区。"心有明月,只为穷乡僻壤挂满脐橙,"袁守根经常对人说,"我还是离不开农业,离不开心爱的脐橙。"

返回国内后,他在专家指导下,成功种植纽荷尔脐橙,这个品种的果形为长卵圆形、色泽橙红、肉质脆嫩、甜酸适中、风味清香,获得国内外消费者的一致好评,也逐步演变成赣南脐橙的当家品种。

20世纪90年代,赣州实施"山上再造"和"兴果富民"工程,在全市掀起第一轮发展高潮,开启了由宽皮柑橘为主到以脐橙为主的大调整。21世纪的头5年,赣州又以安远誓师大会为标志,掀起第二轮发展高潮,开启了脐橙产业的大发展。

继信丰安西园艺场之后,寻乌县园艺场、定南县礼亨水库和县农科所等8个县的10个单位先后种植脐橙。后来,在有关部门的关怀下,赣南建立了信丰安西、大余青龙、宁都田头三个外贸脐橙出口基地。

在赣南脐橙走上发展的"快车道"的过程中,袁守根总是将多年栽培种植脐橙实践中摸索的经验倾囊相授。所有的横空出世,其实都蓄谋已久。2005年,他参与培育出本土早熟品种"赣南一号",接着"赣南二

## 逐 梦

← 袁守根（右）与果农交流种植经验

号""赣南三号"相继面世，这些研究从移植到扎根，再到本地生出"新根"。2006年，《地理标志产品　赣南脐橙》标准成为首个脐橙国家标准，并拿到了通往国际市场的绿色证书。

从此，赣南脐橙一路高歌猛进，脐橙产业集群总产值达139亿元，其中鲜果收入60.7亿元。在2020中国品牌价值评价信息发布会上，赣南脐橙以品牌强度895、品牌价值678.34亿元，位列全国区域品牌（地理标志产品）第6位、水果类第1位。

### 不忘初心，退而不休献余热

2001年，袁守根从原岗位上退休了。可袁守根还是不着家，忙的还是脐橙，找他的人还是像以前一样多。他也闲不住，抓住各种机会，深入果园，参加脐橙协会，参加会议，做好技术指导，当好免费顾问，总结调研成果，不断建言献策。

面对脐橙销售的问题，袁守根联合多名专家建议将原有线下"中国赣州脐橙节"打造成线上"赣南脐橙网络博览会"。每逢脐橙丰收季,当地不少电商都会邀请袁守根前往果园拍照录像代言产品,但他每次代言都是免费的。

有一次,一家果业开发公司经理上门请袁守根担任企业顾问。袁守根向对方表示,做顾问可以,但不能拿工资。"端了你的碗,就要受你管,我就不能为其他果农服务了。"袁守根用赣州方言笑着解释道。

2013年,黄龙病肆虐,许多果农忍痛割爱,砍伐脐橙树,看着空空如也的脐橙园,袁守根心急如焚。为此,他主动参与研究对策,提出防控柑橘黄龙病的三大有效措施,即种无毒苗木、消灭木虱、挖除病树,在关键时刻再次为赣南脐橙产业"保驾护航"。

2020年初,受新冠肺炎疫情影响,袁守根不能深入脐橙园,于是他通过电话、微信等方式在线上为果农进行指导,为了方便果农联系他,他还把微信昵称改为"华脐"。并且,袁守根还养成了一个习惯,就是每晚收看农业天气预报。在打霜的季节,他会挨个给果农打电话,提醒做好防冻措施。信丰县大塘埠镇长岗村脱贫户赖道祥满是感激:"种脐橙不难,种好脐橙难。什么时候下饼肥,什么时候剪枝,这里面的学问大着哩!多亏有袁老的指导,我们心安呐!"

赖道祥的心安,多亏了袁守根半个世纪的守护,守护引以为傲的"宝宝",呵护那沁人心脾的橙香。

# 坳背村的新"愚公"

他放弃深圳年入百万的事业,回到家乡石城县珠坑乡坳背村流转山林,建设麒麟山现代农业产业示范园。他注重益贫带贫,在荒山上复绿、护绿,改善生态环境、减少水土流失,把不毛之地打造成扶贫基地,他是麒麟山的"山大王";他致力创业分享,把产业示范园变成创业致富带头人培育实训基地,他是坳背村的致富"领头羊";他提出产业联盟理念,汇聚多方力量,把实训基地打造成致富"高地"。

他,一位石城县珠坑乡坳背村的新"愚公",江西铭鸿达生态农业开发有限公司董事长黄小勇。他让荒山秃岭变成绿水青山,也让农民在家门口"淘金掘银",他的扶贫故事在石城这片土地上广为传唱。2020年,在全国脱贫攻坚表彰大会上,黄小勇荣获"全国脱贫攻坚奖奋进奖"。2021年,他荣获"全国脱贫攻坚先进个人"。

### 初为麒麟山的"破大王"

黄小勇就出生在坳背村,这里土地贫瘠,大部分是沙地,很难留住水。小时候,他与家人一同挖井找水,"在沙地找水的过程,至今记忆犹新"。黄小勇被这段经历深深刺痛,他发誓要走出大山、摆脱贫穷。

2007年，从南昌大学法学专业毕业后，黄小勇在石城县一家事业单位上班。拿着稳定的工资，黄小勇过得还算体面。虽说日子在逐渐变好，但一家人的生活依然很拮据。

后来，他选择下海经商，承包食堂、经营钨锡矿、从事外贸行业，2013年已是年收入百万元的生意人，可谓衣食无忧。

2014年，正是石城县打造全域旅游示范县之时，黄小勇通过调研，发现家乡常见的紫色页岩土壤中含有丰富的钙、磷、钾等元素，这种土壤能产出高品质的水果。

坳背村里藏着一只"大麒麟"，黄小勇深信不疑，他决定放弃自己做得风生水起、年销售额超过千万的外贸生意，回乡创业。

他与几个朋友相邀，注册江西铭鸿达生态农业开发有限公司，在珠坑乡成立石城县普丰果蔬专业合作社，流转了坳背村及周边相连村庄6500多亩的农田和山林，启动麒麟山现代农业产业示范园建设。

那时，坳背村是怎样一个村庄呢？站在麒麟山头，放眼望去，山体光秃，田地荒凉。全村共435户2030人，人均耕地0.52亩，其中建档立卡贫困户90户355人，贫困率高达17%。

"石头山上能种出果树来？"面对故乡亲人的怀疑，黄小勇久久无法平复，可他没有退缩，而是走出去考察，请专家进来，并制定产业示范园长中短期规划，根据不同地势，栽种脐橙、葡萄、杨梅、金橘等果树。

从一草一木到一砖一瓦，从水电道路到池塘木屋，黄小勇事必躬亲。

天有不测风云。2015年5月19日，石城县遭遇特大洪灾，麒麟山现代农业产业示范园刚刚完成的路网水渠基本被冲毁，新开辟的经济果林区也出现大面积塌方，损失惨重，一些股东纷纷打起退堂鼓，亲朋纷纷劝说黄小勇收手。

"五六百万说没就没了，被洪水毁坏的部分还需要钱去修复、种植，之前投入的时间、精力和金钱全部都浪费了。"黄小勇辗转反侧,本想当麒麟山的"山大王",却变成麒麟山的"破大王"。

### 成长为麒麟山的"土专家"

这次洪灾不仅没有冲掉他扎根麒麟山的决心,被冲掉的泥土和作物,还让黄小勇意识到:水土保不住,种什么都留不下来。

可是要在石头山上结出果实来,其难度可想而知。黄小勇一方面苦口婆心留住股东,另一方面奔走呼吁,利用一切资源,寻求麒麟山复绿复垦之策。

终于,在当地政府有关部门的帮助下,他争取到国家水土保持重点建设工程项目"竹溪小流域综合治理项目"资金,并以此为契机,将珠坑乡麒麟山6000多亩山地列入水土保持生态示范园的规划建设范围中,确立了"政府主导、企业主体、社会参与"的水土流失治理模式。

在这个模式的主导下,黄小勇迅速调整园区开发思路,将水土保持工程措施、生物措施和保土耕作措施融入园区建设,走"生态改良+乡村旅游"的发展新路。

治山理水?不少人认为这简直是天方夜谭。然而,只要是黄小勇认定的事情,他就决不放弃。他买来水土保持专业书籍,在网上学习各种种植技法,同时,他虚心请教水土保持领域的专家。

山上植被覆盖较好的区域,采取"封禁管护+人工补植"措施;植被覆盖率较低的,种植各种树木。山下修复山塘,采取清淤、加固等措施,使其恢复防洪、蓄水、灌溉功能;岸边种树植草,并对易崩塌的边坡采取各种防护措施。

慢慢地,黄小勇从生意人蜕变为"土专家"。

麒麟山经过数年的持续投入,形成了草灌乔治理区、油茶经济林治理区、水保监测试验区等10个功能区，成为集生态治理示范、科普宣传、旅游观光等多功能于一体的综合示范园区。

土沃水丰，麒麟山迎来了生机，郁郁葱葱的脐橙产业园、茁壮成长的油茶经济林、碧云层叠的葡萄园……麒麟山变身千里赣江源头的生态示范区，麒麟山现代农业观光园成为石城县乡村旅游的招牌，先后被评为省级4A级乡村旅游点、国家水土保持科技示范园。

2019年，麒麟山现代农业观光园总产值突破1200万元，直接带动坳背村和周边村贫困户136户200余人实现就业增收，石头山变成了花果山。

如今，站在麒麟山上，黄小勇侃侃而谈："人不负青山，青山定不负人！能与家乡人一起把日子越过越好，真的是一件很幸福的事。"

### 晋升麒麟山的"山大王"

"行点滴，积跬步，治山治水，志在带领带富一方百姓。"有人曾形容黄小勇这是效愚公之志。"他之所以回乡创业，就是要反哺家乡，"珠坑乡干部李胜说，"项目刚开始时，他第一时间签订了帮带贫困户协议，想方设法带领贫困户增收。"

在建设产业示范园时，黄小勇通过土地流转、项目参股、就业帮扶、技术帮带等方式，把园区变成扶贫基地，累计为110余户贫困户创收150余万元。

以石城县普丰果蔬专业合作社承接"栽富树"项目为例，90余户贫困户入股，种植350亩纽荷尔脐橙和卡拉卡拉红肉脐橙，每户每年可增收2000元。

麒麟山现代农业产业示范园不仅设置了油茶抚育和环境保洁等残疾贫困户公益岗位，还提供阶段性劳动岗位112个。2019年，产业示范园

逐 梦

↑ 黄小勇（右一）与建档立卡贫困户交流脐橙管理经验

累计发放务工工资48万余元，其中共给贫困户发放24.7万元。

授人以鱼，不如授人以渔。黄小勇从广西高薪聘请专业的葡萄种植技师，为贫困户培训葡萄种植技术。良溪、坳背两村40多户建档立卡贫困户种植葡萄530多株，去年户均增收1900元。71岁的建档立卡贫困户黄发坤说："幸亏村里有了麒麟山现代农业产业示范园，我们这些贫困户才有了脱贫致富的底气。"

"一花独放不是春，百花齐放春满园。"黄小勇积极响应石城县创业致富带头人"千人铸造计划"，把产业示范园打造成创业致富带头人培育实训基地。

## 03 社会典型

2017年，28岁的张金亮回到家乡，以建档立卡贫困户的身份到麒麟山现代农业产业示范园葡萄园务工，日薪80元。

"工作了一段时间后，黄小勇见我比较年轻，还肯吃苦，就将我调去脐橙园做管理负责人。还聘请了专业的种植技师，向我们传授种植技术。"在黄小勇的鼓励下，张金亮参加了创业致富带头人"千人铸造计划"，学习技术管理、员工管理、电商运营、病虫害防治等知识。

"只有将自身融入产业链条中，增强'造血'功能，才能实现持续增收、长期受益。"2018年，张金亮在石城县屏山镇长江村承包了50亩山地种植脐橙，成立了石城县明辉生态种养专业合作社。该合作社帮带10名农户（包括4名贫困户）增收，户均增收1.2万元。

除此之外，黄小勇还把产业示范园与石城县创业致富带头人培训相结合，承接了10多批次共1165名的创业致富带头人培训，通过经验座谈、现场交流，与有创业意向的学员交流思想、答疑解惑，孵育出12名创业致富带头人。

2020年，突如其来的新冠肺炎疫情使珠坑乡创业致富带头人种植的农产品面临滞销。黄小勇日思夜想，提出建产业联盟的构想，整合创业致富带头人、合作社组织、社会贤达等力量，以"资源共享、信息互通、互惠互利、帮贫济困、共谋发展"为宗旨，通过完善生产、销售、深加工等产供销体系，推动本地种养产业向标准化、规模化迈进。

产业联盟统筹资源，通过电商促销

↑ 黄小勇获"全国脱贫攻坚奖奋进奖"

等多个渠道，构建起内部的产供销体系，与困难群众共渡难关。据统计，联盟自成立以来，已吸纳创业致富带头人14名、社会组织成员7人、社会贤达6人，实现经济效益超1800万元，产业帮带200余人，就业帮带90余人。

从无到有，从稚嫩到成熟，从自我创业到普惠他人，从一个人到许多人……脱贫摘帽不是终点，而是新生活、新奋斗的起点。黄小勇用心浇灌的致富振兴园硕果累累。

## 残疾人创业的"领头雁"

"我要不断努力,让全家人的生活早日改善,也要让更多像我这样的人生活得到改善。"早在 2013 年,宁都县对坊乡半迳村的廖竹生就曾许下这样的诺言。

"无论是正常人还是残疾人,幸福生活都是奋斗来的。即使翅膀断了,心也要飞翔。"2021 年 2 月 25 日,在全国脱贫攻坚总结表彰大会上,获得"全国脱贫攻坚奖奋进奖"荣誉后,廖竹生感慨万千。

廖竹生在这 8 年中的两次发言,令人记忆犹新,与其说"穷人的孩子早当家",不如说廖竹生是在换道赛跑。

廖竹生属三级肢体残疾,可他顽强拼搏,一路逆袭。2015 年,廖竹生参加宁都县免费电商培训班,随后开办了一家布鞋分销网店。从"店小二"到与合伙人组建"励志园",廖竹生以"电商团队+种养基地+农户"的模式,破解贫困群众的农产品销售难题;从小团队到成立多家电子商务公司,廖竹生联合 120 亩脐橙和柚子园、50 亩茶园、500 亩生态种养基地成立产业联盟,年营业额 100 多万元。

廖竹生从家里的"拖油瓶",成长为创业致富的"顶梁柱",更是全省残疾人创业致富的"领头雁"、贫困户脱贫致富的典范。

## 逐 梦

### 破 局

1997年出生的廖竹生，从懂事起，就发现自己与其他人不一样，双手先天畸形，手腕无法伸直，也无法拿起重物。从小他便是同龄人眼中的"异类"，要独自面对外界的一切嘲笑，但孤独也让他学会思考，重新认识自己。

廖竹生从吃饭、穿衣开始，一遍又一遍、一天又一天地练习，从逐渐熟练的过程中，他发现了成功的秘密：只要沉住气，比别人多练几遍，就能走向成功。在山沟里，廖竹生跨过一个又一个沟壑，爬过一个又一个山头，他不断安慰自己说："我生来与普通人不一样，只要能够生活自理，就很好了。"

廖竹生也在一天天的练习中得到成长，他逐渐学会自理。这一进步，给予了他信心，他意识到只要通过不懈努力，自己就能和普通人一样。一颗自强不息的种子悄然在他心中发芽。

廖竹生家境贫寒，父母除了养育自己，还要供养3个弟弟妹妹。为了减轻父母的生活压力，廖竹生初中毕业后，选择到技校学习职业技能，以学习一技之长谋生，把读书的机会留给了弟弟妹妹。

2013年，全国精准扶贫拉开大幕。2014年，廖竹生家被识别为建档立卡贫困户。那时，廖竹生怎么也没想到一个机会正在不经意间悄悄到来。

"我们县里将组织免费电商培训班，我想让廖竹生也来参加。"2015年初，宁都县进修学校驻村帮扶干部李上保找到廖竹生的父亲，并向他介绍道：时下，网络已经覆盖到最偏远的乡村，宁都县正大力引导村民通过电子商务销售农产品，廖竹生可以参与培训，说不定能从中找到出路。

廖竹生抱着试试看的想法，参加了宁都县电商园举办的第一期免费电商培训班，在这里他找到了自信，更看到了曙光，创意、信息从键盘的这头传递到那头，他很享受这种交流。功夫不负有心人，廖竹生获得了由省人社厅颁发的就业培训合格证书。

电商知识入脑入心后，廖竹生萌生了自主创业的想法。起初，他开了一家名叫"布潮行专柜"的布鞋分销网店，无须存货，只做网络导购。就这样，他成了一名电商"店小二"，这让他每月赚到2000元至3000元，获得人生"第一桶金"。他开始从容、自信起来，电商让他第一次与普通人一样，站在同一起跑线上。

爱动脑筋的廖竹生，并没有满足于此，而是在思考，既然电商可以解决贫困群众的就业难题，就应该可以解决扶贫产品的销售难题。每天面对电脑的廖竹生突发奇想：应该把电商嵌入农村，带动更多农村青年、贫困群众尝到致富的甜头。

## 解 码

在参加电商培训的过程中，廖竹生结识了曾北方、肖石生、陈云翔、谢明生等同样怀揣梦想的朋友。他们常常促膝而谈，由此萌生了抱团创业的想法。

2007年，毕业于复旦大学经济学专业的曾北方，不幸患上了白血病，因药物反应导致身体重度残疾，他不想成为家人和政府的负担，千方百计寻找出路。他懂财务，因此在团队里担任财务总监。

生于1978年的肖石生，因煤矿事故，导致双脚残疾。他见识广，能说会道，负责电话和网络营销，兼顾市场调研。

1999年出生的陈云翔，因病致残，从宁都县技工学校计算机专业毕业后，便参加了电商培训，负责营销的同时也帮忙打包。

而廖竹生把自己中专时期主修的平面设计"搬"了出来，将平面设计的工作纳入公司的主营业务当中，在公司主要负责设计，如进行图片制作、网页设计等。

"我们都是残疾人,同样有过在病床上挣扎的经历,但是我们都有一颗不服输的心。相信大家共同努力、相互依靠,成立一支团队,一定能干出一番事业。"廖竹生回忆起当时的场景仍然心潮澎湃。说干就干,他们根据各自特长,在团队里担任不同职务,组建了"励志园"电商团队,共同创业。

三年房租免费、水电免费,贴息贷款,干得好政府还有奖励……在相关帮扶政策的支持下,他们撸起袖子加油干。这是一个新的脱贫攻坚战场,他们在办公室墙上张贴着醒目的标语:"即使翅膀断了,心也要飞翔。"

创业之路并非一帆风顺,一路充满荆棘。起初,筹备启动资金何其之难,廖竹生举目四望,能借之者寥寥。他没有灰心,而是坚信日出之美在于它脱胎于最深的黑暗,更何况他还尝到了电商行业的甜头。

于是,他与曾北方、肖石生以建档立卡贫困户的身份,向银行贷出了人生第一笔巨款——15万元贴息贷款。他们在注册公司名字时,便冠

↑ 廖竹生在做设计工作

以"励志"二字，宁都励志园电子商务有限公司从此便与这群不向命运低头的年轻人一路相随，由此开始了他们长途漫漫的创业之路。

初次入海，未能识别人间酸甜，他们将15万元全部用来收购脐橙。可脐橙市场犹如茫茫大海，价格更是有涨有落，商海能人善于低吸高抛，而他们偏偏反其道而行之。然而，高吸之后，脐橙价格一降再降，更使得他们舍不得出手。脐橙出现大面积滞销的情况，廖竹生束手无策。

就在他们一筹莫展的时候，当地政府再次伸出了援助之手，工会、干部职工纷纷倾囊相助。同时，宁都县电商园为廖竹生电商团队提供了10万元贴息资金，用于周转脐橙，尽管略有亏损，但总算帮他们渡过了难关。

这次的经历，让廖竹生电商团队发现了销售模式的缺陷。通过多方考量，他们改变了创业的思路，由单一的产品销售模式转为综合销售模式，发展以农副产品为主，电子家电、服饰鞋帽为辅的多种产品综合经营。2016年，"励志园"线上线下共销售脐橙上百万斤，白莲五万多斤，红薯粉条上万斤，团队每月净利润1万多元，并荣获2016年赣州市电商励志奖。

## 逐　梦

每个选择背后，都有别人无法探知的百转千回。只有和有能力的人联手做事，才能配合得天衣无缝，才能走得更远。

廖竹生事业越做越大，他们的故事也逐渐传播开来，向他们讨教方法的人也越来越多。带领团队的廖竹生并没有妄自尊大，而是反复思考：这么多人有学习电商的需求，让他们独自发展无疑是任其自生自灭。廖竹生和他的电商团队又作出惊人的决定：自己富裕不算富，要带着大家一起实现致富梦想。

"励志园"开发出"电商团队＋种养基地＋农户"的模式，与多个种养基地签订采购协议，双方利用各自优势，形成产业联盟，这样既可保证货源质量，还可以带领大家共同致富。

在寻找合作基地时，发包方看到他们是残疾人，有的关门谢客，有的半信半疑，有直接说担心他们亏了无力偿还。廖竹生当场拍板，直接与脐橙基地签订了3年合同并预付了租金。一家接着一家跑，"励志园"团队先后谈下脐橙、柚子、油茶、白莲等多个种养基地，联结了一大批农户参与到电商事业中来。

结成产业联盟，仅仅是事业的起步。更难的是他们作为残疾人，行动非常不便，没有代步车，有时去一趟果园、市场，花费的时间是常人的两倍。尽管很难，但他们并未放弃。历经数年的苦心经营，廖竹生带领的"励志园"电商团队已经有了120亩脐橙和柚子园、50亩茶园、500亩生态种养基地，直接解决了许多农户的销售问题，越来越多的农户希望和"励志园"合作。

依托产业联盟，廖竹生打通了水果生鲜的整个供应链，把水果生鲜带入抖音、拼多多、天猫平台。廖竹生与团队通过"一根网线"将宁都县这样一个小城深深地嵌入全国大市场之中，直接或间接采购贫困群众的水果和农产品，解决了当地贫困群众的农产品销售难题，其他贫困户也通过卖脐橙、果园务工、打包发货等方式走上了增收致富的道路。

"励志园"的故事激励了一大批身残志坚的贫困群体，他们纷纷效仿，把奋斗书写在赣鄱大地上。2017年9月，廖竹生的事迹，被中央网信办称为"全国8500万残疾人创业典型"，列入中央"砥砺奋进的五年"成果展，在北京展览馆进行展播。廖竹生先后荣获江西省"2018年度全省脱贫攻坚奖奋进奖"、2019年"全国自强模范奖"、2021年"全国脱贫攻坚先进个人"。

曾经得到廖竹生帮助的残疾人朋友深情地说："此后若没有火炬，他便是唯一的光。"

## "菇王"老谢

"全县食用菌种植规模2.3亿筒，产量7475吨，总产值近5亿元，其中贫困户种植627户，户均年增收1.66万元。"在广昌县脱贫攻坚总结报告中，一串串数字令人耳目一新，食用菌种植业在广昌县的脱贫攻坚中发挥着举足轻重的作用。

这串数字背后，人们忘不了一个人。他是一位农民发明家，投身菌菇研究，人工培植出了茶树菇。他坚持43年自费从事食用菌研究，将人工培育食用菌的品种由茶树菇拓展到羊肚菌、毛笋菇、虎奶菇、灵芝、鹿茸菇等新品种。他无偿地把茶树菇种植方法教授给家乡百姓，带动村民掀起了一场种植茶树菇的脱贫"风暴"。

他就是被誉为"人工种植茶树菇发明人"的谢远泰，他以超乎常人的毅力，经历了无数重大挫折，成功将野外生长的茶树菇引入室内种植，开创了茶树菇人工种植的先河。因此，他先后荣获"全国杰出青年星火带头人""江西省五四青年奖章""国际发明金奖"等。

## 研　发

1977年的夏天，炎炎烈日炙烤着大地，高中毕业的谢远泰刚踏出校门，举目四望思考着自己的未来，最终还是乖乖地返回老家赤水镇天咀村。

"住不上稳固房，喝不上干净水，吃不了肚儿圆，走不出大山沟。"这是外地人对天咀村的看法，也是天咀村贫穷落后的真实写照。谢远泰不甘心，他经常爬上村里的小山坡，眺望山山水水，心如花木，向阳而生。

在一次爬山时，谢远泰采到了野生茶树菇，这种菇色泽金黄，口感脆嫩，回味无穷，是他童年不可多得的佳肴。"何不发展茶树菇，让群众种菇脱贫致富！"一个灵感在他脑中闪现。

"手持烟火以谋生"，有想法就大胆去干。谢远泰说服家人，卖掉圈养的肥猪，换来120元现金，他揣着这笔巨款踏上了探索培育茶树菇的道路，那年他20岁。

为了学习技术，别人千方百计逃离的林场，他坚持要去，并当了一名香菇种植工人。为了学得核心技术，他经常住在草棚、山洞里，观察香菇生长情况，实时记录数据，在2年的蹲点中，他掌握了香菇基本参数，并学到种植技术。他知道香菇仅仅是菌菇的一种，他需要了解更多菌菇研发生长情况。于是，他只身来到福建省三明市真菌研究所，学习木耳、平菇等30多种菌类的培育技术，这一干又是3年，经过比较分类，他发现了菌类生长规律……常年积累为谢远泰研究茶树菇种植提供了丰富的借鉴。

学成回家后，他开始了漫长的培育过程。如何让茶树菇实现人工培育？他开始在香菇上进行人工培育试验。那时，家里十多口人，都住在狭小的土坯房里，谢远泰只能利用猪圈当实验室，在清扫猪圈并用石灰消毒后，他一心扑在猪圈里做实验。

有人笑他疯了，谢远泰不为所动，他只关注心爱的菌菇是否呼吸，是否生长。当菌菇有喜人的新变化时，他欣喜若狂；当种子毫无生机时，他茶饭不思。

所求皆如愿，所行化坦途。1992年，谢远泰在出校园的第15个年头拨开云雾，终于人工培植出了茶树菇，填补了世界人工种植茶树菇的空白，被誉为"中华神菇王"。

经国家食品质量监督检验中心检测，茶树菇内含人体所需的18种氨基酸和多种矿物质及微量元素，大大超过其他食用菌。

"不经一番寒彻骨，怎得梅花扑鼻香。"1993年，他将该品种命名为"AB六-2"特种菌，通过了江西科学技术委员会技术鉴定，获得了国家发明专利，荣获1996年北京国际发明展览会金奖。

## 分 享

人生如棋，落子无悔，谢远泰深知开弓没有回头箭。纵使当初有许多人质疑他，但大获成功的他没有计较得失，而是把这项技术无私分享给乡亲。

为解决广大农民种菇技术难题，谢远泰参与了茶树菇系列标准的起草和修改，用心制作了一套茶树菇接种、栽培、管理、烘烤等标准化生产技术流程并无偿提供给各村，他还多次深入生产一线、茶树菇大棚为菇农讲课，手把手指导村民种植茶树菇。

山里的村民喜欢吃蘑菇，可其他人喜欢吗？而且山高路远，茶树菇卖得出去吗？村民对此充满担忧。谢远泰为解决村民后顾之忧，自己拿出16万元为村里修了一条4千米的路。同时，他创办广昌县食用菌开发集团公司，采用"公司+农户"模式，为种植户包技术培训、包原料供应、包产品销售，并签订合同回收。

"保姆式服务"传开后，全县的种植户纷纷与谢远泰签约，并说好第二年，谢远泰再以240元/公斤的价格回收干菇。意想不到的事情发生了，村民送到谢远泰家的茶树菇，不是断裂的，就是粉碎的，根据合同规定属于质量不达标。面对这种情况，他完全可以严词拒绝，但为了不打击菇农的积极性，谢远泰照单全收。祸不单行，这年，茶树菇的收购价遭遇断崖式下跌，食用菌市场行情发生大变动，茶树菇从每公斤240元跌到每公斤80元，这使得他一下子亏损了860多万元。

彼时，一位日本客商出价100万美元欲购买茶树菇专利技术，这笔钱本可以弥补860多万元的损失，但谢远泰严词拒绝，并决定把这项发明专利献给家乡，献给社会，惠及父老乡亲。

谢远泰为推动江西食用菌产业发展，组织培训全省各地学员1.5万人次，其中茶树菇专业种植户有1036户，种植规模达1.23亿筒。他与弟弟成立江西省利财食用菌有限公司，谢远泰采取"公司+合作社+贫困户"的模式，与164户建档立卡贫困户签订了帮扶协议书，引导他们采取扶贫资金入股、投工投劳等方式参与公司生产经营和务工就业。

同时，他在广昌县盱江镇彭田村开设"一镇一工厂，一户一车间"的珍稀食用菌生产化示范基地，免费指导菇农种植管理技术。据了解，这个基地共有种植车间188个，年种植菌种360多万袋，年产值5000多万元。

茶树菇种植是一项经济效益显著的富民产业，能引领贫困群众在家门口靠发展茶树菇产业走上致富路。茶树菇产业还被大力推广到了周边的南丰、黎川、宁都等县，并辐射到了贵州、河北、河南等省。

据不完全统计，谢远泰累计面向全国培训学员达10万人次，带动了全县 500 多户贫困户脱贫致富，并在全国种植数量达到 8.2 亿筒，产值近 20 亿元，带动 10 多万农民实现脱贫致富。

谢远泰坚持了 40 余年精心耕作食用菌技术研究和推广工作，并且将发明成果与生产技术无私奉献给广大人民群众，让茶树菇这一扶贫特色产业从无到有，从小到大，惠及广昌乃至其周边地区群众，为助力广昌县乃至全国的贫困群众脱贫致富做出了突出的贡献。

## 赓　续

谢远泰经历了一番烈焰炽身的折磨，克服万难，以常人无法想象的毅力坚持了下来。当可以享受成功带来的红利时，他却遭受病魔的折磨。

1999 年，由于过度劳累，谢远泰突发风湿性心脏病。医生劝他立即做手术，他心系 900 名下岗工人手上的茶树菇菇筒，强忍病痛，直到培训结束后才开始做手术。

2002 年的一天，谢远泰大脑出血，被紧急送往医院，昏迷数日。他身体虚弱，无力顾及公司，最后公司及研究平台全部倒闭。中风导致他口齿不清，谢远泰再也不能为农民朋友们做培训指导了。

心中若有桃花源，何处不是水云间。因种种原因，他不得不放弃培训，但他又开拓了另一个战场。他用心制作了一套茶树菇接种、栽培、管理、烘烤等标准化生产技术流程，并无偿发放给村民群众。因为交流不方便，谢远泰便"宅"在实验室、实验基地，把所有心思都放在了食用菌的研究上，将食用菌的品种由茶树菇拓展到羊肚菌、毛笋菇、虎奶菇、灵芝、鹿茸菇，将茶树菇菌种固体接种发展为液体接种，将木屑栽培技术升级为莲子壳、莲蓬壳代料栽培，获得了多项国家发明专利。

一朵桃花盛开，就会有数千万朵花盛开。经谢远泰传授过技术的村民都富起来了，大多当上了老板。而他为了弥补 860 万元的亏空，不得不出售自己的房屋，至今仍住安置房。为了治病，他将代步的小汽车也卖了。面对困境，谢远泰淡然处之，对政府提供的低保帮助，也是摆手拒绝。

2021年，65岁的谢远泰，佝偻着身躯，腿脚不利索、口齿不清晰，仍坚持每天从事研究。他不断改良配方：在菌种选育基础上进行茶树菇有机无公害栽培；突破温度限制，将鹿茸菇工厂化智能生产转向自然栽培；深加工茶树菇、鹿茸菇……目的是帮助村民降低生产成本，获取更高的经济效益。

目之所及，皆是回忆；心之所向，皆是过往。谢远泰造福人类的初心不变，只要他还有一口气在，他的研究就不会停止。

↑ **谢远泰（右）给菇农传授技术**

## 德耀昭萍泽后人

"鬓如霜,性未改。一颗赤诚心,犹刚亦柔。不畏尘世风和雨,何求人生尊与贵?"这是王振美90大寿时,莲花县六市乡"街坊晚生"杨继恩、张保善联合为他写下的《满江红》祝寿词。

"春蚕到死丝方尽,人至期颐亦不休。"2020年,王振美多次住院。"住院那些天里,父亲意识清醒的时候,还在交代我要办好教育基金的事情。"守护在病床前的王振美儿子王明太说。

2020年11月25日,王振美在家中与世长辞,享年95岁。干部、群众、乡亲自发前往悼念。

人们感怀,这个动辄捐赠50万元成立"振美教育基金"的"富豪",却被儿女称之为"小气鬼",16年来没有为自己买过一件新衣服;人们感怀,这个清瘦的老人,做起事来雷厉风行,带头捐资兴建乡村学校,参与"结对帮扶"帮助贫困村民,慷慨捐助修桥铺路,始终致力于爱心助学、扶贫济困、反哺乡梓,大力支持新农村建设。王振美以实际行动助力家乡脱贫攻坚和教育事业,被乡亲们誉为"爱心老人"。

王振美的故事从昭萍大地传至神州大地,他荣获了"全国脱贫攻坚奖奉献奖""全国道德模范",并荣登"中国好人榜"。

逐 梦

### 历经坎坷不忘本

莲花县六市乡太沙村地处罗霄山脉腹地，这里北连芦溪县，西接湖南省攸县，位置偏僻导致基础设施落后，但是这里民风淳朴。

1925年，王振美出生在一个穷苦家庭，家中兄妹四人，大哥当年跟着红军走后，再无音讯，父亲在新中国成立前离世，母亲带着儿女节衣缩食，艰难度日。母亲从小告诫子女做人一定要吃苦耐劳、忠厚本分，这些话深深刻在王振美心中。

成年后，王振美务过农、教过书、做过生意。他熟悉家乡每一处，走遍了8个行政村所有小学和中学，他发现家乡还有很多贫困家庭的孩子成绩优秀，虽然读完了义务教育，但还是被"贫困"二字拦在了校门外。

"农家娃要跳出'农门'，只有读书一条路，我想让孩子们都有书读，长大了都有出息。"家境贫寒的王振美有过艰难的求学经历，他深谙贫困家庭孩子的梦想。

20世纪50至60年代，他先后在太沙小学和坊搂小学当过老师，在莲花县政府担任过会计等职，他通过各种方式方法，给予孩子们帮助。为人真诚，乐于助人，成为十里八乡小有名气的能人和好人。

1965年，王振美患上了一种名为钩端螺旋体病的急性传染病，随时可能会有生命危险，可是高昂的医疗费让全家束手无策，在几乎放弃治疗之时，有人将1000多元的救命钱送到王振美的手中。

原来，六市乡党委政府和乡亲们得知他的病情后，纷纷慷慨解囊，捐献了一笔爱心款。20世纪90年代，1000多元可不是一笔小钱，王振美至今仍清楚记得当时帮助过他的人。恢复健康后，王振美凭着勤劳肯干，生活水平得到明显改善。致富之后，王振美没有忘记过去乡亲们的救命之恩。"我的命是党和政府救回来的,是乡亲们救回来的,我只想报恩,尽自己最大努力回报家乡,回报社会。"捡回了一条命的王振美,心里对党和人民充满感激。

### 扶贫济困数十载

滴水之恩,当涌泉相报。被党和政府、乡亲们救回一条命的王振美,以扶贫济困、捐资助学和参与新农村建设等形式铺就了公益之路。

太沙村的进村木桥,年年被大水冲走,又年年要修复,1968年,王振美与村民商议修座石拱桥。没有技术,没有资金,许多人不仅不支持还抵触修桥,王振美顶住压力,带头从河里挑砂石,发动全村所有劳动力,齐心修成石拱桥。50多年过去了,这座桥历经几代人的修修补补,依然挺立。

当六市乡大力发展乡办企业时,在全公社搜寻企业人才,王振美被选调到六市煤矿任出纳兼采购,他以工友的生活难题为导向,开设代销店丰富工人生活;1985年,六市乡民政焰材厂产品滞销,王振美临危受命,走马上任。作为负责销售的副厂长,他凭借敏锐的商业头脑,在浏阳礼陵一带打开局面,并将400吨硝销往国外。

1992年,67岁的王振美,借了1000元参与莲花县焰花材料厂的股份制改造,成为了股东,栽下了第一棵"致富树"。1995年,他用分红加上乡亲们入股的钱,在浏阳与人合办了一家焰花材料厂,为全家、为乡亲们栽种了一棵更大的"致富树"。

创业成功并没有让王振美忘记乡亲的恩情。2006年,家境困难的太沙村村民王水清突发脑出血,送医院抢救,王振美主动捐助7800余元。2012年,山背村村民吴国英患病住院,急需做换肾手术,王振美捐款1万元。

## 逐 梦

2014年，六市乡政府牵头成立"奖扶助学教育基金会"，王振美带头捐资1万元。同年，六市乡政府开展"结对帮扶"活动，王振美主动帮扶太沙村贫困户郭梅昌。他了解郭梅昌家的实际情况后，没有简单地捐钱了事，而是出资3500元购买了一头牛，并把3000元现金送到郭梅昌家……

2017年，王振美做出了一个更为惊人的决定。"当父亲说要设立一个教育基金会的时候，我们几个兄弟姐妹都以为，是要给他的孙子们设的。"王明太说。但让所有人没想到的是，王振美是要捐给社会，这一捐，就是50万元。

这个决定一出，王振美的子女非常吃惊，随即提出了反对意见："家里的生活条件本来就一般，一家人都是靠体力劳动赚钱持家的，哪有闲钱帮外人？"子女多次阻止王振美，还向其他人说："老人家生活费一个月才两三百块钱，吃穿能省则省就连帮他扔掉过期的食物，他还生气说我们浪费。他的柜子里全是旧衣服，上一次买新衣服还是16年前的事了……就这样的条件还能捐助社会吗？"

即使是这样，王振美要成立教育基金会的决心仍然没有动摇半分。2017年9月8日，"振美教育基金"成立了，92岁高龄的王振美在大会上坦言："过去我挣的钱都是有一分钱用一分钱，一大家子人的吃穿用都得靠我，没法存钱，不能发挥我的余热。现在，我有了余钱，只要留着吃饭的这几块钱就行了，剩下的全部都要拿去实现我当初的梦想——支持教育。"

### 矢志不渝跟党走

王振美有一个埋在心中几十年的梦想，那就是能够在有生之年成为一名共产党员，这也是他一生的追求。1953年，他第一次向党组织递交入党申请书，由于他父亲去世得早，在审察时对他父亲的情况不甚了解，因此他的入党申请杳无音讯。此后，他仍多次向党组织提交入党申请书。在王振美90岁时，他又一次郑重地向党组织递交申请书。对于为什么要入党，老人曾对媒体这样说："中国共产党是为人民服务的党，我生命垂危的时候是党组织送来关怀，党的改革开放政策让我有了发家致富的机会。"

一位90岁高龄的老人要求入党，莲花县委组织部在请示萍乡市委组织部同意后，决定按照组织程序为他办理入党手续。2016年4月19日，91岁的王振美被批准为中国共产党预备党员。这天他乘车100多公里前往井冈山烈士陵园，在烈士纪念碑前，面对鲜艳的党旗，举起右手，庄严宣誓："我志愿加入中国共产党……"

2017年4月，92岁的王振美正式成为一名光荣的中国共产党党员。王振美说："终于圆了自己的一个梦，我从旧社会到新社会，从改革开放到现在，我一生的经历，证明跟党走这条路是正确的。"

"振美教育基金"成立之初，王振美苦思冥想："如何才能可持续资助更多人？"有人提议拿这笔钱投资，但是王振美一合计，还是担心风险太大。

为了让基金良性循环，六市乡召集乡镇干部、乡贤等一起监督资金使用，帮基金保值增值。杨志坚捐1.2万元，杨石林捐1.5万元，杨飞捐2万元，贺建军捐2万元……在王振美的带动下，越来越多的人给基金会捐款。几年下来，助学活动做得不少，但基金会账目上的钱，反而多了十几万。

"振美教育基金"健康发展，引发的效应也越来越大。截至2020年底，该基金已奖励资助优秀师生和贫困家庭学生约350人次，累计发放奖励资助金15万余元。

逐 梦

↑ 王振美（左二）与孩子们交流

　　王振美与世长辞后，中央文明办和江西省委宣传部、省文明办、省扶贫办（现省乡村振兴局）、萍乡市委、萍乡市人民政府等单位发去花圈或唁电。"王老对我的帮助，恰如冬日里的暖阳，激励我发奋图强、报效祖国。""我学成后，也要以王老为榜样，通过自己的努力帮助他人，回报社会。""他就像一棵傲松，期颐绽放照耀后人。"……受助者纷纷留言。

　　高风传千里，亮节照后人。王振美颤巍巍的话语至今萦绕耳旁，他说："我这一生有两个梦，一个是入党，一个是尽最大努力回报社会，有生之年两个梦都实现了。"

## 为孩子点灯，照亮前行的路

教育是阻断贫困代际传递的根本之策，让贫困家庭的孩子上学，是帮助他们摆脱贫困的最好方法。

有这样一个人，他退伍之后，扎根赣西山区教学30多年，用一颗强大的爱心和一份微薄的工资，资助了一个个贫困学生读书；他退休之后，牵头创办了教育奖励基金会，把助学的事业越做越大。截至2021年3月，该基金累计帮助学生、教师达5787人次，助奖总金额累计508.69万元，实现上栗县长平乡30年无一人因贫失学。

他叫李维正，是上栗县长平人民教育基金会（以下简称"长平教育基金会"）创始人、终身名誉理事长。继2019年荣获"全国脱贫攻坚奖奉献奖"之后，2021年，他在全国脱贫攻坚总结表彰中被评为"全国脱贫攻坚先进个人"。

### 初心，30多年如一日

1929年，李维正出生于萍乡市上栗县长平乡太塘村，这是赣西深山的一个山坳村，兄弟姐妹几个人因为贫困一个个走上辍学的道路，李维正含泪放弃学业。

## 逐 梦

好在 20 岁那年，他光荣地成为中国人民解放军战士，后通过自学成为中国人民解放军四十五军一三五师四〇五团宣传员、文化教员。

这条路让他成功"逆袭"，但因贫穷而辍学的噩梦让他难以释怀。部队复员后，他毅然决然地投身教育事业，从一个山沟调入另一个山沟，他先后在萍乡镇、张家坊乡、湘东镇、麻山乡任中心小学校长，最后返回家乡成为长平乡中心小学校长，长平中学副校长，长平乡教育组组长。

从教 30 多年，每每看到学生因为家庭贫困，不得不离开校园，李维正总是心如刀割。他总是竭尽全力去帮助一个又一个的贫困生，1967 年在狮岭小学任教时，他为全校三分之一的学生交了学费，让这些家庭困难的学生能继续读书；在长平中学任副校长的时候，有些学生冬天赤脚，他为学生们买鞋防寒避冷，有的学生因家长不在身边而一时拿不出钱吃饭，他买餐券送到学生手中……

来自长平乡明星村的瞿刚，在 5 岁那年，因父母逝去，他不得不寄居在姑父家，生活虽有着落，但姑父家也特别困难。获悉这一情况后，李维正决定帮助他，从瞿刚小学起就一直资助着他，瞿刚不负期望，以优异的成绩考入北京理工大学。当瞿刚为大学学费发愁时，李维正又四处奔波，为他筹集了 1.4 万元。4 年后，大学毕业的瞿刚被分配在南昌电厂工作。

大塘村曾思瑶和曾金禄姐弟俩的父亲 6 年前在意外事故中死亡，母亲烧成重伤后生活不能自理，姐弟俩跟着 70 多岁的爷爷奶奶过日子，生活极端贫困。为了改变这姐弟俩的命运，正在资助 5 个孩子的李维正，主动找到曾家姐弟的爷爷并送去了 800 元现金，此后连续七年从未间断。姐弟俩未因贫失学，都以优异的成绩考上大学。

1984 年，李维正得知当地有一学子连续复读三年才考上大学，可当读到大三的时候却发生经济困难面临辍学的情况后，二话没说给他寄去 1000 元，并鼓励他坚持读书。后来，这位受助对象学业有成并参加了工作，后下海成为一名企业家。为了回报李维正的恩情，他以李维正为榜样，先后拿出了5万余元资助10余名贫困学子，并为社会公益事业捐款30万元，捐款助教25万余元。

在县城就读高三的平吉村人彭华奇，家庭经济困难。2011年，其父在墟场上恰巧碰到了李维正夫妇，提及彭华奇的成绩好，在班上排在前几名，可家里经济困难，实在难以读下去，打算辍学。李维正握着老彭的手说："不能辍学，读书可以改变人生，要想法子读下去。"当即与在场的老伴商量，决定每年拿1000元支持他读下去。

…………

几乎每年都要为学生代交学费，一年下来，李维正的工资所剩无几。此外，为了照顾困难的同事，李维正多次把调薪机会让给他们，以致影响到自己的退休工资，退休时每月仅一千余元。

一个个感人至深的捐资助学故事，是老人对山区贫困孩子的深情守望，对山区教育的挚爱，对山区脱贫的厚望。

### 情系学子，撑起爱心大厦

1985年，李维正离休后，那时农村农民经济和生活仍不宽裕，当他看到一些因贫辍学的学生时，便痛心疾首，心里止不住地想：要是有个资助农村贫困学生读书的长效机构该多好啊！

但一己之力有限，1991年3月，李维正同乡里退休教师、老党员李怡章和黄祖耀等组织发起并创办长平教育奖励促进会（后来更名为长平教育基金会），以捐款作为基金，用基金利息或衍生收入奖教奖学助学，促进农村教育发展，推动社会精神文明建设。

他们多方积极奔走，筹措资金。李维正向海内外长平籍爱心人士写信100余封，一石激起千层浪，他的义举得到了社会的强烈反响和海内

↑ 李维正（中）与孩子们在一起

外爱心人士的赞扬，长平籍在外人士纷纷来信赞誉并捐款。

在基金会创办之初，没有工作人员，李维正一个又一个亲自邀集；没有办公地点，他带上旧提包、方便袋，靠教育组的一张办公桌进行办公；没有经费，他自己掏钱买车票。纵使如此不易，他还是向同仁们提出了"三不"：不要一分钱报酬，不报一分钱（餐馆发票和烟酒发票），不图个人回报。

就这样，5元、10元……集腋成裘，第一年他们募集捐款5万元，当年就为优秀学生、教师发放奖助金，共计44人次。第二年，台胞龙宜群率先捐款2万元，老干部李日余先后捐款6万余元，瞿刚捐出首月工资……

1998年，李维正因年老体弱，辞去了理事长职务，担任名誉理事长，但他不忘初衷，仍是四处奔波。除基金会资助外，他还寻求结对帮扶。2008年10月，长平教育基金会召开理事会，他自告奋勇负责萍乡城区的理事通知，可由于身体劳累过度，他晕倒在萍乡街上，进了医院。2015年，基金会举办首个爱心助学捐款周活动，他再次捐款5000元，个人累计为基金会捐款25000余元。

为了让长平教育基金会发展壮大，理事会坚持李维正的初心，以社会捐款为基金，并用其利息或衍生收入奖学助学。30年来，基金会从最初不到3万元资产，发展到现在资产总值600余万元，建有办公楼、店铺，年固定收入达50万元。

看不得那些贫困孩子没有饭吃、没有书读的李维正认为："能帮人渡过难关，让孩子有出息，苦点也值得。"在李维正等人的带动下，长平教育基金会登记在册的捐款会员已有4000多人，曾受到资助的学子们也争相反哺，回报感恩，传承爱心。据统计，从受资助的学生中走出了4名博士、82名硕士，还有师德标兵、优秀教师。

他的故事在长平的父老乡亲中广为传播。在他80岁生日时，长平中心小学曾送"为人师表、仁爱永恒"匾赞扬他；90岁生日时，基金会赠"厚爱寿长"匾。

如今，耄耋之年的李维正依然心挂教育，基金资助实现了长平乡学段、学校、家庭经济困难学生"三个全覆盖"，做到"不让一个学生因家庭经济困难而失学"。从1985年至今，他先后荣获萍乡市"先进个人""最美萍乡人"和"龚全珍式好党员""好干部""江西好人""全省离退休干部先进个人""全国关心下一代工作先进个人"……一项项荣誉，是李维正"赠人玫瑰，手留余香"的生动诠释。李维正这些老人们创造了长平乡的慈善奇迹，这份沉甸甸的爱心善举，点亮了山乡孩子的未来。

### 扎根家乡，老党员自甘清贫

已90多岁的李维正，对自己异常"抠门"，对助学却是"一掷千金"。其实他家并不宽裕，低矮陈旧的小瓦屋，祖辈留下的百余年老式方桌，卧室里摆放着用了 50 多年的花板床和用红砖垫脚的 70 年代的高低床，一把菜刀用了 40 多年，磨得只剩一半，仍舍不得换……

由于工资捐助太多，他家的生活条件已明显落后于周边居民。在他的家中，家居摆设明显跟不上时代的步伐，家中值钱的电器一个是儿子结婚时购买的一台 21 寸的小彩电，另一个是在李维正 80 岁大寿时他的学生悄悄为他装的空调。这台空调安装几年以来，他也才使用过两三次。

李维正牙齿脱落多年，家人朋友劝他配一副假牙，但听说需要花费几千元，他硬是舍不得。当人们问他为什么要对自己这么"抠"时，他总是笑着说："节俭一点，我就能多省出一些，多帮助贫困学生渡过难关。看到他们不再因贫上不了学，我感到欣慰。"

1985 年，组织上号召老同志退下来，找他谈话时，年仅 56 岁的李维正，没有提出半点要求，服从组织安排提前离休回家。虽然过早离休使他丧失了多次调薪的机会，可直到现在，他仍是无怨无悔。不了解他的人，走到他家都会认为这是一户"低保户"。离休时，他的退休工资并不高，即使生活条件逐渐好转，他还是一年四季、一天两餐粗茶淡饭，布衣旧衫常相伴。

由于年龄增大，近两年他病情复发，需要住院治疗，可他从来都不住大医院，每次住院都是去县医院或区医院。人们都说："你可以全部报销，住大医院条件好。"可他却说："住县医院花钱少，能为国家节约一分钱也好。"

有人问他为什么有钱自己舍不得花，宁可为别人一掷千金。他总是笑而不答，心中却有一个信念：自己是一名退役军人，一个人民教师、一位老共产党员，应该先别人之忧而忧，后别人之乐而乐。这就是一个共产党人的初心和使命的真实写照。

## 农民致富的领路人

"四海无闲田,农夫犹饿死""年年道我蚕辛苦,底事浑身着苎麻",农民日复一日面朝黄土背朝天地劳作,种下了粮食,却只能艰难度日。

如何改变这种境况?在南昌市安义县有这样一位企业家,他放弃红火的生意,回家种田,依托流转、托管土地,创新探索出了"公司+基地+合作社+农户"的生产管理模式,全面实施订单农业、规模化种植、系列化生产,直接和间接带动安义农民增收致富,人均增收数千元。

他首创农民年终奖,持续十年累计发放的奖金超过3100万元。高调为农民发年终奖,是为了让世人知道农业有奔头,农民有尊严。

他致力于实现农业增效、农民增收,提升江西现代农业生产水平,提出良种、良法、良田举措,创新"四金"扶农、"田保姆"助农和"订单"帮农等三种模式,即"1+N"大绿能托小绿能的模式,增强扶持村级集体经济,增加农民收入。

他就是集"全国十佳农民""全国农业劳动模范""全国种粮大户""全国农村创业创新优秀带头人""中国好人"等荣誉于一身的江西省绿能农业发展有限公司董事长凌继河。

## 缘起稻香梦

凌继河，1961年出生于江西安义一个普通农民家庭。初中毕业后，他受公社委派到海南学习水稻育种技术，一次次见证稻种成长，从秧苗到抽穗，他感悟了稻种的生命力和伟大。"只有好的稻种才能有好的收成。"凌继河深受启发。返回老家后，他悉心看护的水稻产量一直遥遥领先其他村民，这让他对稻种有特殊的敬畏之心。

在海南学习的两年，让他和水稻结下不解之缘。回想起当年的育种经历，凌继河感叹人生冥冥之中自有安排。

后来，他一边在县城经营着食品店，一边在老家种着田，直到20世纪90年代初，安义铝材在全国火爆，他跟随铝材销售大军前往西安，经营建材生意，才真正告别种田。那时，乘着经济腾飞的春风，他又跨入手机行业，成为省级总代理，生意可谓顺风顺水。

然而，每次回老家看望父母，看到农田撂荒越来越严重，多数农村只有老弱病残，他心里越来越不是滋味。回想起曾经那田垄里的稻香、稻颗上的露水，犹如沉重的镐头敲在心上，他无数次扪心自问，再没人种田，以后粮食从哪里来？

农民离开了土地还是农民吗？庄稼人对田地是看得很重的，乡亲为何宁愿背井离乡也要放弃种田？如何让农业成为有奔头的事业？如何让农民风风光光？

2009年，在外打拼20多年后，凌继河毅然返回家乡种田。家人不解，村民怀疑，可他一步一个脚印，将一家流转土地、托管土地的农业企业，经营成集水稻种植、收割、烘干和大米加工及销售为一体的综合性现代企业。

## 推出农民年终奖

"这么有钱的人怎么会种田？难道是为了套取国家补贴？"村民对凌继河返乡种田持怀疑态度。就连他的家人也不理解，起初，凌继河四处游说村民把田流转给他时，妻子在背后唱反调，却处处说老凌种不好田。凌继河准备了几十万元土地流转资金，钱一直攥在手里发不出去，一分土地都没有流转到。

不服输的他，把土地流转金从每亩170元提高至每亩200元，而且不论土地好坏，他都要。他的真诚打动了许多村民，第一年就流转了4900亩。那年，他一举成为全国有名的种粮大户。

后来，凌继河越来越"张扬"，他每年拿出上百万元给种粮能手发放年终奖，以一种抢人眼球的方式彰显了现代农业的无穷魅力。

每年1月，他都会站在台上，给每一位上台领奖的农民发奖金，勉励他们新的一年再接再厉，争取更高产量。在他身后的大屏幕上，一条上扬的曲线显示着近几年来公司不断攀升的"年终奖"。农民们捧着现金乐开了花，他们哪里会想到农民也有这种"高光"时刻，精神和物质奖励一样都不少。

曾经只为自己种田的刘高美一个人种了27亩地，一年下来只能挣3万多元。凌继河找到他，当即向他表态："你把地流转给我，到我公司上班，我保证你收入翻一番，年收入6万元以上。"

说干就干，刘高美不怕苦不怕累，粮食产品长势喜人，第一年他就获得了13.6万元的超产年终奖，加上工资和土地流转金，年收入近20万元。5年来，他从公司获得的总收入超过152万元，年均超过30万元。

"从不愿意来，到公司骨干，现在用棍子赶我都不走。"刘高美憨笑着说，没想到帮人种田能挣这么多。

## 探索绿能扶贫模式

自己富了不算富,关键是实现农业增效、农民增收、现代农业高质量发展。长期与农民打交道的凌继河,深知"春种一粒粟,秋收万颗子"的艰辛。如何依靠现代农业技术,让更多农民持续分享农业硕果?在探索、研究与讨论下,一种"绿能模式"横空出世,即"四金"扶农、"田保姆"助农和"订单"帮农。

"务工有薪金、流转有租金、超产有奖金、入股有股金"的"四金"扶农模式,让农民田产变资产。农民既可以成为产业工人,又可以成为园区股东,像白领一样拿工资,又像股东一样分红。截至2021年3月,公司已经和6个扶贫村重点对接了,成立了合作社,并带动365户贫困户均增收6000元。

都说种田是靠天吃饭,凌继河也曾尝遍苦头。2017年,凌继河创造性地为家庭农场、种粮大户或普通农户提供形式多样的托管服务,组建一批"田保姆"进行托管服务。

根据农民的意愿,凌继河又分出半托管服务和全托管服务。从产前购买种子、化肥、农药,到产中机耕、机插、机收,再从产后稻谷烘干到销售,村民可以选择产前、产中、产后任一环节托管,或全程放手给"田保姆"进行全面托管。

托管服务搭上了规模种植的便车,实现节本增效,被全托管的农户每亩可获1000元左右的收入,通过农地流转的种粮大户、家庭农场、贫困户也能实现每亩500元的纯收入,而绿能公司每亩也获取了50元的服务费,提升了土地的总体收益。

托管不是简单接手,凌继河还在托管的农田里推广测土配方施肥和绿色防控技术,病虫害统防统治,减少农药化肥使用量。推广的"中稻

03 社会典型

↑ 凌继河（右四）在 2020 年江西安义绿能农民增收节暨十周年庆典上为村民颁奖

+ 再生稻 + 油菜"新三熟制农作技术模式，占总面积比例 20% 以上。改"中稻 + 油菜"两熟制为"中稻 + 再生稻 + 油菜"新三熟制，实行标准化生产，品种选择、季节安排、农药化肥使用、机耕机收等，让土地真正"生金产银"。

### 让年轻人挑起"金扁担"

挑起"金扁担"，怎么挑，谁来挑呢？凌继河的秘籍就是良种、良法、良田。

任何一块土地都有自己的特性，如何找到适合土地的稻种，这就是良种之法。凌继河的绿能农民专业合作社在选择推广良种之前，都有一段试验期，选出适合当地气候、土质的种子之后，再大力推广，有了良种就是成功的第一步。"以前普通大米卖到 2 块钱一斤，客户还挑三拣四，现在我们品质比较好的大米最多卖到18块钱一斤，市场还供不应求。"凌继河自豪地说。

在良法方面，凌继河推广全程机械化，并且机械化程度达到了90%以上，现在高速插秧机一天插五六十亩，是人工的60倍。"机插的分蘖多、返青快，产量更高。"凌继河还推广了测土配方施肥、病虫害统防统治，减少了人工和成本，增加了收入。当然合作社还加快了高标准农田建设步伐，让良田配上良法。

有良种、良法、良田，还得要培育一批"80后""90后"。在凌继河的合作社里，"种田状元"一年可拿奖金30多万，6年仅奖金就高达182万。奖金激励成为吸引年轻人参与种田的最大良法。

1995年的熊海仁，18岁时被父亲逼着来公司种田。当初心不甘情不愿的他，如今却成了打理600多亩土地的小队长，年收入从6万元攀升到10多万元。熊海仁说："在土地上种粮，我感到很光荣，我觉得比城里的年轻人更幸福。"

刘高美、万三毛、刘守量、李凤飞等作为农业能手，在公司一干就是7年。他们回想来公司之前的10多年里，到处租田种，种个两三年就要换地方，东飘西荡。来到公司后，董事长宁可亏自己，也从没欠过他们一分钱，特别是公司组建头三年，亏了600多万元，工资却从未拖欠。每年的1月8日，"年终奖"必兑现，这个日子已成为绿能公司的固定发奖日。

培养造就一支懂农业、爱农村、爱农民的工作队伍，是凌继河最大的梦想。他说："我正着手创建全省首个职业农民培训学校，培养种粮能手，培训种田年轻人，让专业人做专业事，这样就不愁明天谁来当农民了。"

## 赤子情深报桑梓

雨后初晴，山环水绕的新余市渝水区水北镇弥漫着梧桐的芳香，袁河支流滋润着水北镇的167个自然村。这里素有"茶叶之乡""米粉之乡""渝北第一镇"的美誉，自古水北商贾发达，人文鼎盛。

"今天有红烧肉、花菜、鸡蛋汤……"在渝水区罗坊镇高勘村的"颐养之家"中，十几个老人坐在一起，一边吃着免费的饭菜，一边乐呵呵地交谈着。这里有一天三餐热饭热菜，菜品丰富、味道好，老年人赞不绝口。

水北镇的"颐养之家"养老服务新模式渐入佳境，得益于新余市水北商会的鼎力支持，人们不会忘记一个人，他就是新余市水北商会党委书记、会长邹细保。

多年来，他发动新余市水北商会会员，通过产业扶贫、新农村建设、"颐养之家"、捐资助学等，累计投入资金1.82亿元，投身脱贫攻坚战。其中邹细保个人累计捐资2600多万元，帮助水北镇所有行政村建成51个"颐养之家"，惠及800余名老人；他还坚持每年资助一批贫困学生，累计捐助600余人次，共计270余万元。荣获"全国脱贫攻坚先进个人"的邹细保有感而发："我将带领全体会员继续巩固拓展脱贫成果，让老百姓钱袋子鼓起来、生活富裕起来。"

**敢为扶贫助弱的"领头雁"**

水北镇土生土长的邹细保,早年从事钢铁煤炭生意,经营顺风顺水,事业有成之后,他热衷于公益事业,用实际行动,践行了自己的榜样力量。

一个人做一件好事并不难,难的是做一辈子好事,难的是一群人一起做好事。其中的秘籍就是,有人走在前头,作示范、当表率。

2008年,汶川发生地震,他第一时间为灾区捐款10万元。2010年,玉树发生地震,他又默默捐赠5万元。同年,水北镇新桥村委受暴雨袭击,很多村民被困,他马上购买1万公斤大米送往灾区,解决灾民温饱问题。

2012年,一群常年奔波于不同业务的企业家,从世界各地纷纷返回

↑ 新余市水北商会党委书记、会长——邹细保

## 03 社会典型

家乡，在水北镇建立商会，他们立志通过商会建设家乡，饮水思源、不忘故里。当有人提议请他来当水北商会的副会长时，邹细保毫不犹豫，欣然答应。以自己为"爱心支点"，邹细保带领水北商会的众多会员抱团献爱心，为家乡的脱贫事业贡献智慧和力量。

一滴水只有放进大海里才永远不会干涸，一个人只有当他把自己和集体的事业融合在一起的时候才最有力量。2017年5月，邹细保组织商会会员在新余市率先开展"同心·千企帮千户"活动，成立"党建+脱贫攻坚"扶贫工作小组，动员、引导全体商会会员，积极参与到脱贫攻坚、精准帮扶工作中来。

2019年，邹细保以水北商会的名义，个人出资50万元，并联合其他5家爱心企业，共同出资200万元设立全省首个扶贫慈善基金会——新余市扶贫慈善基金会。

当得知水北镇扶贫产业缺乏资金时，邹细保立马组织水北商会捐资；

↑ 邹细保（左一）为老人们送温暖

在脱贫攻坚圆梦行动中,他认领了水北镇17户贫困户的"微心愿",为建档立卡贫困户送去橱柜、碗柜、床、电风扇等物品。邹细保还个人拿出60多万元,以"公司+产业基地+贫困户"的模式,帮助琴山村发展高产油茶产业,该村90名建档立卡贫困人口因此每人每年增收1000元。2018年,他3次到渝水区福利院为孩子们送去价值6.2万元的校服以及1.5万元营养大礼包……

邹细保引领水北商会累计投入参与精准扶贫资金1.82亿元,其中仅邹细保个人累计投入帮扶资金就有2600多万元。水北商会也在其带领下荣获全国"敬老文明号""2019—2020年度全国'四好'商会""全国先进基层党组织"等荣誉。

### 甘做家乡父老的"孝顺儿子"

2020年春节,90多岁的欧阳永英搬到了新余市高新区水西镇的儿子家过年,没想到遭遇新冠肺炎疫情影响,在儿子家居家隔离,一连住了3个多月。住久了,老人经常唉声叹气,仔细一问,原来是想念桐林村颐养之家里那帮老伙伴了。

老人对"颐养之家"情有独钟,这还得从2017年说起。那时,邹细保回家的必经之路,不是泥泞难行,就是坑洼不平,开车经过尚且颠簸,而乡亲们常年在此生产生活更是大为不便。于是,邹细保决定捐资43.5余万元,为家乡修一条宽敞的水泥路,并在道路两旁栽种绿植,安装太阳能路灯,让家乡货畅其流、车尽其用、路畅其行。

当邹细保踏入乡村里弄,只见很多房屋破旧不堪,原来是有很多村民建了新房,老房空置就成了危房。他又拿出870余万元对邹家村进行空心村改造,拆除危房、旧房180多间,在原址新建84套三层小别墅,村民拿到房屋钥匙后,人人喜上眉梢。

2018年,"厕所革命"向乡村延伸,这时,他把项目推向了水北全镇,引领商会会员捐资80万元,捐建20个公厕,让水北镇在新余市率先实现公厕在行政村全覆盖。

路修好了,房屋改造完了,厕所也是全新的,这还没完,邹细保还绞尽脑汁地要为老家多做点事情。彼时,村里依旧是老弱病残的留守家园,很多年纪大的老人吃饭不易,邹细保捐资110余万元,在邹家村建起了"颐养之家",为31名老人免费提供一日三餐。

为支持琴山村委老屋村小组的"颐养之家",他与村里的1名贫困户老人结对,老人每年的"入家"费用2400元由邹细保兜底。同时,为村里安装26盏太阳能路灯,帮助5户人家修缮房屋。经过数月运转,老屋村小组"颐养之家"越办越好,邹细保又发动全体商会会员捐资1000多万元,帮助水北镇20个行政村建成51个"颐养之家",惠及全镇760余位老人。

在水北镇"颐养之家"附近,棋牌室、卫生所、健身器材室也相继落成,老有所养、老有所依、老有所乐、老有所安,老人都夸邹细保是水北镇的"孝顺儿子",邹家村一位耄耋之年的老人为此赋词一首《清平乐·颐养之家》:"欣逢盛世,皓首得福气。细保开恩抒壮志,颐养之家兴起。三餐菜饭清香,妪翁满面红光。锻炼休闲娱乐,欢声笑语一堂。"

### 点亮寒门学子的"希望之光"

月缺不改光,剑折不改刚。邹细保幼时家境贫寒,中途辍学导致无缘大学,他只能早早学习木工、摄影等技能来谋生。没有好好读书成了他一生的痛,他说:"与其仓皇地追赶日落,不如守护漫天的繁星。"

那些繁星,有时是家境贫困的学子,有时是教育事业的基础设施,有时是素未谋面的他乡人。

逐 梦

↑ 邹细保（中）参加渝水区2020年各界人士认捐贫困家庭大学生资助金发放仪式

2010年，邹细保得知邹家村有4名学生家境贫困，无法继续学习，他来到老家，与孩子的父母畅谈，提出："只要孩子肯学，他以后求学的费用我全包。"邹细保说到做到，资助他们直至大学毕业。

2011年，渝水区结对帮扶的新疆阿克陶县，该县教育资源较落后，急需资金支持，帮助他们改善教育设施，邹细保主动对接渝水区教育部门，掌握情况后，果断捐资20万元用于支持阿克陶县改善教育基础设施。

2017年，为让老家拥有与一线城市一样好的幼儿园，邹细保捐资100万元建成8000平方米的水北商会宝诚国学中心幼儿园，可容纳480名学生就读；那年他还拿出15万元，资助家乡小学全体学生定做校服。

2018年，邹细保听朋友介绍，新余市第四中学初三年级有7名学生因家庭生活困难，学业难以为继，他干脆利索地来到学校，找到学生每人资助5000元，让他们安心完成学业。

据不完全统计，在渝水区连续多年开展的贫困家庭大学生资助活动中，每年都有邹细保的身影，自 2011 年以来，他累计捐赠 270 多万元，资助 600 余名贫困学生。

也有部分不明真相的人质疑他，为什么心甘情愿把自己的钱拿出来做公益？他们认为邹细保是一种商业行为，拿钱换名气。面对质疑，邹细保淡然一笑："作为一名企业家，首先要遵纪守法，经营好自身企业，为社会创造效益。同时，不能忘记履行社会责任，多做公益慈善事业，回报社会、奉献社会，帮助需要的人。"

只有亲眼看见一摞近一米高的荣誉证书，你才能明白邹细保的心境。翻开一本本证书，你能感受到赤子情深报桑梓的情怀。先后获得了第三届"新余市突出贡献人才"、江西省首届"赣鄱慈善奖"——最具爱心捐赠个人、江西省"改革开放 40 年 50 名优秀赣商人物"、江西省"2018 年度全省脱贫攻坚奖奉献奖""全国脱贫攻坚先进个人"称号的邹细保说道："党和国家给我的荣誉，是对我莫大的鼓励和鞭策。"或许这就是马斯洛所说的"追求自我实现"。